Siegfried Karg

Dass du wieder jung wirst wie ein Adler

Siegfried Karg

Dass du wieder jung wirst wie ein Adler

Predigten über Krankheit, Alter, Demenz, Leid und Tod

Fromm Verlag

Impressum/Imprint (nur für Deutschland/ only for Germany)
Bibliografische Information der Deutschen Nationalbibliothek: Die Deutsche Nationalbibliothek verzeichnet diese Publikation in der Deutschen Nationalbibliografie; detaillierte bibliografische Daten sind im Internet über http://dnb.d-nb.de abrufbar.

Coverbild: www.ingimage.com

Contact:
International Book Market Service Ltd., 17 Rue Meldrum, Beau Bassin, 1713-01 Mauritius
Website: www.bookmarketservice.com
Email: info@bookmarketservice.com

Gedruckt in: USA, UK, Deutschland. Dieses Buch wurde nicht in Mauritius produziert.

Imprint (only for USA, GB)
Bibliographic information published by the Deutsche Nationalbibliothek: The Deutsche Nationalbibliothek lists this publication in the Deutsche Nationalbibliografie; detailed bibliographic data are available in the Internet at http://dnb.d-nb.de.

Cover image: www.ingimage.com

Contact:
International Book Market Service Ltd., 17 Rue Meldrum, Beau Bassin, 1713-01 Mauritius
Website: www.bookmarketservice.com
Email: info@bookmarketservice.com

Printed in: U.S.A., U.K., Germany. This book was not produced in Mauritius.

ISBN: 978-3-8416-0254-1

Für Elfi,

als Dank,

dass sie mir seit über 40 Jahren

gute Ideen liefert

und mich mit kritischer

Intelligenz unterstützt.

Inhaltsverzeichnis

Bibelstellenverzeichnis

Vorwort

"Dass du wieder jung wirst wie ein Adler." Unter diesem Bibelspruch (Psalm 103,5) habe ich Predigten und Kurzbesinnungen zusammengestellt, welche sich mit den Themen Krankheit, Alter, Demenz, Leid und Tod befassen.

Die Beiträge stammen aus den Jahren 1999-2011 und wurden im größten Pflegeheim der Stadt Winterthur / Schweiz, dem Krankenheim Adlergarten (jetzt Alterszentrum Adlergarten) gehalten.

Im Auftrag der evangelisch-reformierten Landeskirche des Kantons Zürich war ich dort während 16 Jahren als Spitalpfarrer und Seelsorger angestellt.

Obwohl es mir bei den sonntäglichen Gottesdiensten im Adlergarten darum ging, eine biblische Auseinandersetzung mit drängenden Zeitfragen zu führen, musste ich auf die ganz besondere Situation meines Predigtpublikums Rücksicht nehmen.

Die meisten unserer Bewohnerinnen und Bewohner sind nicht freiwillig ins Pflegeheim gekommen. Ein Sturz im Alter in der eigenen Wohnung, der zu einem schwierigen Knochenbruch führt, ein aus heiterem Himmel auftauchender Schlaganfall, der eine einseitige Lähmung oder den Sprachverlust zur Folge hat, eine schwere Diabetes, die zu einer Beinamputation führt, eine Krebserkrankung im Endstadium, bei der alle medizinischen Eingriffe im Spital an ihre Grenzen gekommen sind, oder eine fortschreitende Demenz, mit deren Betreuung rund um die Uhr der Ehepartner maßlos überfordert wäre, sind nur einige Gründe, warum die rund 200 Bewohnerinnen und Bewohner im Adlergarten ein neues Zuhause finden mussten.

In den Beiträgen geht es letztlich um zeitlose biblische, theologische, seelsorgerliche und ethische Auseinandersetzungen mit diesen drängenden Grundfragen, und doch sind alle auch situations- und kontextbezogen.

Als Bibelübersetzungen habe ich die Lutherbibel, die Zürcher Bibel von 1931, die (neue) Zürcher Bibel von 2007, sowie meine „Lieblingsübersetzung", die einzige ökumenische Bibelübersetzung, die „Einheitsübersetzung", benützt.

Winterthur, am Tag der Menschenrechte 2011 Siegfried Karg

„Velohelm tragen. Oder beten.“[1]

Psalm 37,5

„Befiehl dem Herrn deine Wege und hoffe auf ihn, er wird's wohl machen.“ (Luther)

„Entrüste dich nicht über die Bösen, sei nicht neidisch auf die Übeltäter. Denn wie das Gras werden sie bald verdorren, und wie das grüne Kraut werden sie verwelken. Hoffe auf den HERRN und tu Gutes, bleibe im Lande und nähre dich redlich. Habe deine Lust am HERRN; der wird dir geben, was dein Herz wünscht. Befiehl dem HERRN deine Wege und hoffe auf ihn, er wird's wohlmachen und wird deine Gerechtigkeit heraufführen wie das Licht und dein Recht wie den Mittag.“ (Psalm 37,1-6, Luther)

Das neuste Plakat der Beratungsstelle für Unfallverhütung und der Schweizerischen Unfallversicherungs-Anstalt (SUVA) ärgert mich. Auf dem Plakat wird ein Velohelm (Fahrradhelm) abgebildet. Gegen den Velohelm habe ich überhaupt nichts einzuwenden. Ja, in meiner Kindheit wäre ich sogar froh gewesen, wenn es damals schon Velohelme gegeben hätte.

Was mich am Plakat massiv stört, ist der Text. Da steht oberhalb des Velohelms zu lesen: „Velohelm tragen. Oder beten.“

Das sind doch keine Gegensätze. Es müsste doch wenn schon heißen „Velohelm tragen **und** beten.“

Ich denke, die Werber, welche das Plakat entworfen haben, wollten iro-

[1] 29. April 2007.

nisch und witzig sein und mit ihrer Botschaft möglichst viele ermuntern, tatsächlich einen Velohelm zu tragen. Dagegen wäre ja nichts einzuwenden. Aber muss man dann zu einer solchen billigen Alternative greifen?

Wer ohne Velohelm fährt, handelt tatsächlich unverantwortlich, denn bei einem Unfall mit dem Velo ist der Kopf der Körperteil, der am meisten geschützt sein muss.

Auch wenn man beim Velo fahren einen Helm benutzt, darf man doch trotzdem beten, dass man wohlbehalten ankommt und nicht in einen Unfall verwickelt wird. Helm tragen und beten sollen Hand in Hand gehen und sind keine Gegensätze.

Einen ähnlichen Gedanken drückt auch Psalm 37 aus, aus dem unser Predigttext stammt. **„Befiehl dem Herrn deine Wege und hoffe auf ihn, er wird's wohl machen."** (Luther)

Dieser Satz hat für jeden Velofahrer mit Helm Bedeutung und auch für uns, die wir ohne Helm im Rollstuhl sitzen oder mit dem Rollator unsere Wege gehen.

Hinter diesem Psalmvers verbirgt sich ein enormes Gottvertrauen. Dieses Vertrauen brauchen wir im Leben, auch dann, wenn wir nicht mehr mit dem Velo unterwegs sind.

Der Liederdichter Paul Gerhardt, dessen 400. Geburtstag wir in diesem Jahr feiern, hat den Psalmvers benützt, um ein Kirchenlied zu verfassen. Die altertümliche Fassung des Psalmverses in der Übersetzung von Martin Luther „Befiehl dem Herren dein' Weg und hoff auf ihn; er wird's wohl machen" hat Paul Gerhardt als Vorlage genommen, um daraus das bekannte Lied „Befiehl du deine Wege" zu komponieren.

In jeder der 12 Liedstrophen von Paul Gerhardt kommt ein Teil des Psalmverses vor.

Die Psalmen sind ja im hebräischen Original dichterische Texte, die unterschiedliche menschliche Grundsituationen ansprechen und den Menschen als Vorlage dienen sollen, um ihre Fragen, ihre Ängste, ihren Groll und ihre Wut in Worte zu fassen. Oftmals hilft es einem bereits, wenn man das, was einem im Innersten beschäftigt und umtreibt in Worte fassen kann und es einem anderen Menschen sagen kann. Aber wenn es sich um Groll oder Wut handelt, dann möchte man dies eher im stillen Kämmerlein zur Sprache bringen und nicht öffentlich vor anderen Menschen. So sind die Psalmen eigentlich Gebetsvorlagen für die unterschiedlichsten Gemütsverfassungen. Sie sollen uns helfen, durch das Nachbeten des Textes unsere Situation besser zu bewältigen.

Es gibt verschiedene Typen von Psalmen. Da gibt es die Lobpsalmen, mit denen man Gott loben möchte und ihm für seine Hilfe danken möchte. Da gibt es die Klagepsalmen, mithilfe derer man seine Nöte und Ängste in Worte fassen kann.

Für uns auf den ersten Blick eher unverständlich gibt es auch sogenannte Rachepsalmen. Diese Psalmen bereiten uns eher Mühe, ist Rache doch nicht gerade eine Tugend, die es anzustreben gilt.

Und doch gehört es vermutlich zu unserem Menschsein, dass wir oftmals berechtigt Wut empfinden, wenn uns Andere Leid zugefügt haben. Und dass dann auch Rachegedanken aufkommen, ist wohl auch nur zu menschlich. Wenn die Rachegedanken nur ausgesprochen werden wie in den Psalmen und nicht tatsächlich Rache geübt wird, dann können diese Psalmen eine wichtige Funktion haben. Wir lassen unsere angestaute Wut und unsere Rachegedanken in Form von Worten zu und unterdrücken sie nicht. Denn wenn wir Wut und Rachegedanken nur in uns hineinfressen, dann kann dies auch zu schweren psychischen Problemen führen. Einen Rachegedanken in Worte fassen ist nicht das Gleiche, wie Rache tatsächlich üben.

Neben den Rachepsalmen, mit denen wir eher Mühe haben, gibt es auch die Vertrauenspsalmen wie der Psalm 37. Befiehl dem Herrn deine Wege.

Auf unseren Lebenswegen sollen wir uns von Gott leiten lassen und ihm vertrauen, dass es am Ende gut herauskommt. Das ist doch eine Zuversicht, die uns hilft, auch schwere Wege im Leben zu gehen. Gott lässt uns auf unserer Wegfahrt nicht allein. Er wird es wohl machen. Darauf dürfen wir vertrauen.

Paul Gerhardt hat in seinem Lied „Befiehl du deine Wege“ die Gedanken von Psalm 37 aufgenommen.

„Befiehl du deine Wege und was dein Herze kränkt.“ Ja Kränkungen des Herzens werden wir immer wieder erleiden. Solche tun oftmals mehr weh als körperliche Schmerzen. Seelische Kränkungen werden heute vielfach im Berufsleben bewusst eingesetzt, um Menschen fertigzumachen. Da gibt man einem Mitarbeiter bewusst wichtige Informationen nicht weiter. Da lässt man ihn bewusst ins Messer laufen, anstatt, dass man ihm hilft.

Vor einigen Jahren hat man für diese Art der seelischen Kränkung das Wort „Mobbing“ eingeführt. Man sucht sich gezielt die Schwachstellen einer Person aus und nützt diese dann bewusst aus.

Der Andere ist dem machtlos ausgeliefert, weil er ja selbst am besten weiß, wo seine schwachen Stellen sind und er ja selbst darunter leidet.

Es ist wie das Bohren in einer offenen seelischen Wunde.

Mobbing-Opfer werden krank oder geben ihre Stelle auf, weil sie es nicht mehr aushalten. Mit Kränkungen des Herzens müssen wir im Leben immer wieder fertig werden.

Im Lied heißt es, wir sollen unsere Wege „der allertreusten Pflege“ anbefehlen. Ja in einem Pflegeheim ist man auf allertreuste Pflege durch das Personal angewiesen. Aber im Liedvers von Paul Gerhardt geht es nicht nur um die Pflege durch Menschen, sondern um Pflege durch den, „der den Himmel lenkt“. Damit ist natürlich Gott gemeint. Seiner Pflege sollen wir uns genauso anvertrauen, wie wir uns dem Pflegepersonal anvertrauen müssen, denn ohne deren Hilfe wären wir verloren.

Im zweiten Teil der ersten Strophe wird Gott als Schöpfer dargestellt, der die Naturgewalten wie Wolken, Luft und Winde in der Hand hat. Wenn er diese beherrscht, dann wird er sicher auch Wege finden, wo unser Fuß gehen kann.

In der 2. Liedstrophe geht es um das Vertrauen auf den alttestamentlichen Gott Jahwe, dessen Name Martin Luther in seiner Bibelübersetzung mit der „HERR“ wiedergegeben hat. „Dem Herren musst du trauen, / wenn dir’s soll wohlergehn“. Ob wir Menschen immer trauen können, dass wissen wir oftmals erst im Nachhinein. Da haben wir doch im Leben immer wieder negative Erfahrungen in der Richtung gemacht. Wir waren uns sicher, dass wir einem Menschen trauen konnten und dann haben wir erst später festgestellt, dass wir schamlos hintergangen worden sind, dass unser Vertrauen missbraucht worden ist. Das ist ganz bitter und hinterlässt tiefe Wunden, die ganz schlecht vernarben.

Gott dem Herrn hingegen können wir trauen und ihm vertrauen und er wird uns nicht hintergehen, wie das Menschen oftmals tun.

Wir sollen auf Gottes Werk schauen, wenn unser Werk gelingen soll. Sorgen und Grämen bringen uns nicht weiter. Wir müssen Gott bitten.

In der 3. Liedstrophe geht es um Gottes ewige Treue und Gnade. Sie weiß, was für uns Menschen gut ist oder nicht.

In der 4. Strophe zeigt der Liederdichter auf, dass Gott allerlei Wege hat und dass es ihm auch nicht an Mitteln fehlt. Gottes Werk kann niemand behindern. Seine Arbeit darf nicht ruhen, damit Gott auch das tun kann, was seinen Kindern ersprießlich ist.

In der 5. Strophe geht es darum, dass Gottes Werk weitergeht, auch wenn alle Teufel dagegen Widerstand zu leisten versuchen. Was Gott sich vorgenommen hat, das führt er auch gegen allen Widerstand zum Ziel.

Die 6. Strophe spricht die Hoffnung des Menschen an. Wir armen Seelen sollen hoffen und unverzagt sein. Auch wenn uns Kummer plagt, werden wir die „Sonn der schönsten Freud“ erblicken.

In der 7. Strophe heißt es, dass wir unseren Schmerz und unsere Sorgen sozusagen zu Bett schicken sollen und uns damit von dem, was unser Herz betrübt, entlasten sollen. Wir müssen ja nicht selbst Herrscher spielen, denn Gott sitzt ja im Regimente.

Die 8. Strophe ermutigt uns, das Gott zu übergeben, was uns bekümmert. Er wird es als „weiser Fürst“ mit wunderbarem Rat zu einem guten Ende bringen.

In der 12. und letzten Strophe wird der Wunsch ausgedrückt, Gott möge aller unserer Not ein Ende machen. „Mach End, o Herr, mach Ende / mit aller unsrer Not; / stärk unsre Füß und Hände / und lass bis in den Tod / uns allzeit deiner Pflege / und Treu empfohlen sein, / so gehen unsre Wege / gewiss zum Himmel ein.“

Wir wollen unseren Lebensweg Gott anbefehlen und auf ihn vertrauen, dass er alles zu einem guten Ende bringt. Das bedeutet aber nicht, dass wir unvernünftig in den Tag hinein leben sollen, anstatt unsere Verantwortung wahrzunehmen, da wo wir sie wahrnehmen können. Auch derjenige, der ganz auf Gott vertraut, soll anders als auf dem Plakat der Beratungsstelle für Unfallverhütung nicht Velohelm tragen *oder* beten, sondern Velohelm tragen *und* beten.

Bei uns ist es nur am zweitschönsten.[2]

Jeweils in der Advents- und in der Osterzeit kamen freiwillige Helfer der evangelisch-reformierten Kirchgemeinde Winterthur-Mattenbach und der römisch-katholischen Herz Jesu-Pfarrei, zu Besuchen vorbei und brachten den Bewohnerinnen und Bewohnern ein adventliches Reisiggesteck oder ein blühendes Pflänzlein zusammen mit einem Kartengruß aufs Zimmer.

Vorher gab es zur Stärkung noch Kaffee und Gipfeli. Bei der Gelegenheit war es meine Aufgabe, ein Wort auf den Weg mitzugeben, das möglichst „kurz und karg" sein sollte.

Diese Kurzbesinnungen finden sich nun zwischen den Predigten.

„Bei uns im Adlergarten ist es nur am zweitschönsten." Diesen humorvollen Spruch gebe ich oft von mir, wenn neue Patientinnen und Patienten zu uns ins Krankenheim kommen. Müsste ich nicht sagen: „Bei uns ist es am schönsten?" Mache ich mit diesem Spruch, „Bei uns ist es nur am zweitschönsten" nicht Negativwerbung für den Adlergarten? Ich glaube es nicht. Ich versuche, damit nur ehrlich zu sein.

Wenn Menschen zu uns ins Krankenheim kommen, dann geschieht dies ja in den seltensten Fällen freiwillig. Trotz Nachbarschaftshilfe, trotz spitalexterner Krankenpflege (Spitex), trotz aufopfernder Pflege durch die Angehörigen kommt der Zeitpunkt, wo man das geliebte Zuhause endgültig aufgeben muss und nur mit einem Koffer bepackt, den Weg ins Pflegeheim antreten muss. Dieser Weg ist für die meisten nicht leicht.

---

[2] 8. Dezember 1997.

Am schönsten ist es für die allermeisten Menschen tatsächlich zuhause. Da hilft alles gute Zureden nichts. Da bringt es auch nichts, wenn wir den Adlergarten nur von seiner Schokoladenseite zeigen. Zuhause ist es am schönsten. Bei uns ist es höchstens am zweitschönsten.

Und doch ist der definitive Eintritt ins Heim oft die einzige Lösung. Daran können wir nichts ändern. Das muss die Patientin oder der Patient akzeptieren und das müssen auch wir akzeptieren. Diese Tatsache ist eine große Herausforderung für das gesamte Personal. Dass es unsere Patientinnen und Patienten bei uns wenigstens am zweitschönsten haben, dazu braucht es einen rechten Einsatz.

Für das Äußerliche ist bestens gesorgt, gutes Essen, saubere Zimmer, pflegerische und medizinische Betreuung ist vorhanden. Was will man noch mehr?

Und doch fällt es am Anfang vielen unserer Patientinnen und Patienten schwer, sich hier heimisch zu fühlen. Neben den Äußerlichkeiten, die sehr wichtig sind, ist der zwischenmenschliche Bereich noch ganz wichtig. Unsere Patientinnen und Patienten sollen sich angenommen fühlen. Sie sollen spüren, dass man trotz ihrer physischen und psychischen Gebresten ihre Menschenwürde bis zuletzt achtet. Oberster Leitsatz im Umgang mit unseren Patientinnen und Patienten soll die sogenannte Goldene Regel aus Matthäus 7, 12 sein, die lautet: „Alles, was ihr von anderen erwartet, das tut auch ihnen! Darin besteht das Gesetz und die Propheten.“

Lachen ist die einzige Medizin ohne Risiken und Nebenwirkungen.[3]

Psalm 126

„Lachen ist die einzige Medizin ohne Risiken und Nebenwirkungen." Diesen Satz habe ich als Leitspruch für die heutige Predigt formuliert. Wie bin ich zu diesem Thema gekommen?

Ich erteile ja neben meiner Arbeit als Seelsorger im Adlergarten noch Religionsunterricht an der Kantonsschule (Gymnasium) Rychenberg. Letzte Woche war die Präsentation der Maturarbeiten an der Kantonsschule Rychenberg. Die Maturandinnen und Maturanden mussten in Kurzvorträgen ihre schriftlichen Arbeiten der interessierten Öffentlichkeit vorstellen.

Ich war als „Zimmerwart" in einem Schulzimmer eingeteilt worden und musste die fünf Vorträge dort etwas koordinieren.

Der erste Vortrag hatte den Titel „Bitte lächeln! Auf der Spur des Lachens" und das am Samstagmorgen um 8 Uhr, wo es mir Morgenmuffel normalerweise nicht zum Lachen zumute ist.

Der Vortrag von Peter Schaub hat mich aber dann so beeindruckt, dass ich beschlossen habe, über das Thema „Lachen" am heutigen Sonntag zu predigen.

Was ich vor dem Vortrag nämlich nicht wusste. Das Lachen hat nachweisbare therapeutische Wirkungen auf den Körper und stärkt sogar die Abwehrkräfte. Deshalb habe ich als Spruch auf dem Gottesdienstzettel

[3] 29. Januar 2006.

formuliert: *„Lachen ist die einzige Medizin ohne Risiken und Nebenwirkungen.“*

Aber wo kommt das Thema Lachen in der Bibel vor? In der Computer-Konkordanz habe ich nachgeschaut, wo das Wort Lachen überall in der Bibel vorkommt und bin dann unter anderem auf den Psalm 126 gestoßen, den ich Ihnen nun als Predigttext lesen möchte.

„Als der Herr das Los der Gefangenschaft Zions wendete, da waren wir alle wie Träumende. Da war unser Mund voll Lachen und unsere Zunge voll Jubel. Da sagte man unter den andern Völkern: «Der Herr hat an ihnen Großes getan.» Ja, Großes hat der Herr an uns getan. Da waren wir fröhlich.

Wende doch, Herr, unser Geschick, wie du versiegte Bäche wieder füllst im Südland. Die mit Tränen säen, werden mit Jubel ernten. Sie gehen hin unter Tränen und tragen den Samen zur Aussaat. Sie kommen wieder mit Jubel und bringen ihre Garben ein.“ (Psalm 126,1-6; Einheitsübersetzung).

Der eben gelesene Psalm 126 ist vermutlich in einer geschichtlichen Situation formuliert worden, wo es für das Volk Israel anscheinend nichts zu lachen gab. Und doch kann der Psalmbeter formulieren: *„Da war unser Mund voll Lachen und unsere Zunge voll Jubel.“* Schließlich hat Gott geholfen und das Los der Gefangenschaft gewendet. Da ist einem dann wieder zum Lachen zumute.

Im Sprichwort heißt es ja: „Lachen ist die beste Medizin!“ Da ist tatsächlich etwas dran. In der Maturarbeit von Peter Schaub habe ich gelesen, dass es seit ungefähr 50 Jahren sogar eine Lachforschung gibt; Gelotologie genannt.

Ich möchte nur einige Beispiele anführen, welche Peter Schaub nennt: Ein Professor der Stanford University in Kalifornien stellte fest, „dass die Aktivität bestimmter Immunzellen, der natürlichen Killerzellen, beim Lachen ansteigt."[4]

In England wurden so genannte „Lachkliniken" eröffnet und eine Lachtherapie entwickelt.

In Kinderspitälern setzt man heute Clowns ein, die Kinder zum Lachen bringen sollen, weil das deren Abwehrkräfte stärkt.

Und zum Thema Lachen in der Schule schreibt Peter Schaub. „Lachen erhöht nicht nur die Atemfrequenz oder die Herzschlagrate. Nein - Lachen erhöht auch die Lernfähigkeit!"[5] Es darf also sogar im Unterricht gelacht werden!

Da ist tatsächlich medizinisch etwas daran. Beim Lachen schüttet der Körper Glückshormone aus - sogenannte Endorphine. „Die Endorphine sind körpereigene Opiate, die schmerzlindernd wirken. Deshalb sind wir beim Lachen auch weniger empfindlich als sonst."[6]

Was passiert eigentlich beim Lachen? „Mit bis zu 100 Stundenkilometern stoßen wir die Luft aus unserer Nase oder Mund in die Umgebung."[7]

Mir waren diese Erkenntnisse alle neu, obwohl ich eigentlich selbst gerne lache. Ja lachen kann ja ansteckend auf andere wirken. Normalerweise schätzen wir in einem Pflegeheim nichts, was „ansteckend" ist. Aber das „ansteckende" Lachen hat Wirkungen ohne Nebenwirkungen. Da müssen wir nicht einmal unseren Arzt oder Apotheker fragen. Ob wir

[4] Peter Schaub, Bitte lächeln! Auf der Spur des Lachens, Kantonsschule Rychenberg Winterthur, Maturarbeit 6.12.2005, S. 12.
[5] Ebd., S. 13.
[6] Ebd., S. 19.
[7] Ebd., S. 16.

mit einem freundlichen Lächeln nicht manchmal sogar die Dosis von Medikamenten reduzieren könnten?

Der Psalmbeter von Psalm 126 ermuntert uns, auch in schwierigen Situationen das Lachen nicht aufzugeben. *„Da war unser Mund voll Lachen."*

Tatsächlich hat das Lachen sehr viel mit dem Mund zu tun. Ich zitiere dazu aus der Arbeit von Peter Schaub: „Der sogenannte Lachmuskel, der Zygomaticus, zieht nicht nur die Mundwinkel nach oben, sondern bewegt noch 15 weitere Gesichtsmuskeln, darunter auch die des Tränensacks. Deshalb kommt es nicht selten vor, dass auch beim Lachen einige Tränen fließen."[8] Von daher kommt vermutlich die Aussage: Wir haben Tränen gelacht. Tränen sind meist Zeichen der Trauer. Aber sie können ja auch Freudentränen sein.

Aber das Lachen wirkt sich generell positiv auf den Körper aus. Ich zitiere dazu aus der Maturarbeit: „Lachen aktiviert auch vor allem das Herz-Kreislaufsystem. Der Blutdruck steigt zuerst an, die Arterien erweitern sich, dann fällt der Blutdruck wieder. Genau dieses Fallen des Blutdruckes ist das Gesunde am Lachen. Während sich beim Lachen der Blutdruck wieder senkt, bleibt er bei Hassgefühlen oder Stress zum Beispiel sehr hoch, was dann in diesem Falle sehr ungesund ist."[9]

Man könnte sagen, wenn es uns zum Lachen zumute ist, dann wird dabei sogar unser Immunsystem gestärkt. „Beim Lachen steigt nämlich die Anzahl der T-Zellen, also der natürlichen Killerzellen im Körper, an. Ebenso werden Botenstoffe aktiviert, unter anderem das Gamma-Interferon, welches die Vermehrung von Tumorzellen hemmt."[10]

---

[8] Ebd.
[9] Ebd., S. 19.
[10] Ebd.

Und der mitmenschliche Aspekt des Lachens kann nicht hoch genug eingeschätzt werden. Denn lachen kann man eigentlich nur in Gemeinschaft mit anderen. Manchmal kann man mit einem freundlichen Lachen sogar schwierige Situationen entschärfen. Lachen kann entwaffnend wirken. Peter Schaub formuliert es so: „Lachen baut sozusagen Brücken und Wege zu unserem Gegenüber."[11]

Betrachten wir unseren Predigttext näher. Psalmen sind ja vielfach Gebetsformulare, die bei verschiedenen Anlässen oder in ganz speziellen Situationen gebetet werden konnten. Es sind Textvorlagen, die uns helfen sollen, unsere persönlichen Glaubensprobleme zu formulieren gerade in Situationen, wo uns oftmals die Sprache fehlt. Wer von Tränen übermannt ist, der ist froh, wenn ihm der Psalmbeter die Sprache leiht.

Der Psalm 126 dürfte wegen des Bildes der Garben jeweils am Herbstfest in Israel gebetet worden sein. Der Psalmdichter setzt sein Vertrauen voll auf Gott, weil Gott das Geschick des Volkes gewendet hat. Da darf es einem doch zum Lachen zumute sein.

Dass Gott das Geschick des Volkes gewendet hat, das bleibt auch den anderen Völkern nicht verborgen. Ja sie sprechen es sogar aus: *„Der Herr hat an ihnen Großes getan."* Und der Psalmbeter wiederholt es nochmals mit den Worten: *„Ja, Großes hat der Herr an uns getan. Da waren wir fröhlich."*

In der zweiten Hälfte des Psalms erhofft sich der Beter eine Wundertat Gottes. Durch das Südland von Israel, das praktisch nur aus Wüste besteht, sollen wieder Bäche fließen, die bereits versiegt sind. Etwas schier Unmögliches.

---

[11] Ebd., S. 22.

Und dann folgen nicht Tränen des Lachens, sondern Tränen der Trauer. *„Die mit Tränen säen, werden mit Jubel ernten."* Dazu schreibt ein Bibelausleger: „Es ist das Staunen vor der göttlichen Wundermacht, das die Tränen Trauernder in das Lachen fröhlicher Menschen verwandelt."[12]

Das wünschen wir uns doch alle auch. Dass die Tränen der Trauer über einen verlorenen Ehepartner, über ein allzu früh verstorbenes Kind, über eine heimelige Wohnung, der wir immer noch nachtrauern, nicht den Sieg davon tragen. Aus Tränen der Trauer soll Freude werden. Und wenn wir uns wieder freuen können, dann können wir auch wieder lachen.

Der Alttestamentler Artur Weiser formuliert es so: „Tränensaat und Freudenernte gehören zusammen; dem Glauben ist das Leiden in der Zeit das notwendige Durchgangsstadium zur Freude an Gottes Herrlichkeit. Auch Leiden und Sterben gehört zu Gottes Heilswerk; es ist göttliche Saat, die im Verborgenen keimt und entgegenreift der Ernte Gottes."[13]

Es gibt sicher Situationen, wo es uns gar nicht zum Lachen zumute ist. Lassen wir uns aber trotzdem vom Lachen anstecken und haben wir so viel Gottvertrauen, dass unser Mund wieder voll Lachens wird und unsere Zunge voll Jubels. Das stärkt dann unser Immunsystem. Es reduziert zudem den Medikamentenverbrauch und damit die Gesundheitskosten. Es macht ferner das Zusammenleben in einer nicht freiwillig gewählten Gemeinschaft, wie sie das Pflegeheim darstellt, für alle viel viel angenehmer.

---

[12] Artur Weiser, Die Psalmen II. Teil / Psalm 61-50 (Das Alte Testament Deutsch), Göttingen 1950, S. 506.

[13] Ebd., S. 508.

Wenn Sie jetzt an die Rocky Mountains denken ...[14]

Auf meinem Weg von zuhause in den Adlergarten fahre ich jetzt an einem Plakat vorbei, das im übertragenen Sinne durchaus etwas mit Ihrem Dienst heute zu tun hat.

Auf dem Plakat ist eine Grafik dargestellt, die aussieht wie eine Bergsilhouette. Neben der Grafik steht SPI und gewiefte Finanzleute wissen sofort, dass mit dieser Abkürzung der Swiss Performance Index gemeint ist. Es ist, wenn ich recht orientiert bin, der Barometer der Schweizer Börse.

Die Linien auf der Grafik steigen an, gehen dann wieder etwas nach unten und steigen dann wieder an. Insgesamt sieht man aber eine eindeutige Tendenz nach oben bei dieser „Berglandschaft".

Wer meint, auf dem Plakat würde für Schweizer Aktien oder Ähnliches geworben, der irrt. Unter dieser Grafik mit dem SPI steht nämlich in riesengroßer Schrift: ***„Wenn Sie jetzt an die Rocky Mountains denken, dann denken Sie wie wir."*** Und ganz unten auf dem Plakat sieht man das Signet und den Namen eines Reisebüros, das uns einladen möchte, jetzt Ferien in den Rocky Mountains zu buchen.

Der Werbeagentur, die dieses Plakat kreiert hat, ist es tatsächlich gelungen, meine Aufmerksamkeit zu wecken. Die trockene Grafik des SPI hätte mich wahrscheinlich kalt gelassen, denn von der Börse verstehe ich sowieso nichts. Aber die Rocky Mountains zu sehen, dafür könnte man mich schon gewinnen. Plötzlich kommen Feriengedanken auf, und man kann so schön vor sich hinträumen, wohin man im nächsten Sommer gerne reisen würde.

[14] 29. März 1999.

Aus dem trockenen Swiss Performance Index ist plötzlich ein Ferientraum geworden. Die gleiche Sache bekommt auf dem Werbeplakat plötzlich unterschiedliche Bedeutungen. So ähnlich dürfte es Ihnen heute Vormittag ebenfalls gehen.

Da stehen Blumentöpfchen bereit, die ganz nüchtern von einem Blumengeschäft oder einer Gärtnerei geliefert worden sind. Es sind Frühlingsblumen, welche der Saison angepasst sind, preislich dürften sie deshalb auch in einem vernünftigen Rahmen liegen, denn die Teuerung ist praktisch null. Die Kirchengutsverwalter werden die Rechnungen bezahlen und verbuchen und die Rechnungsprüfungskommission wird wohl keinen Einwand dagegen haben. Es wurde günstig eingekauft, das Budget wurde nicht überzogen und an der Rechnungs-Kirchgemeindeversammlung wird unsere Gemeindehelferin Heidi Dick nicht mit hochrotem Kopf Rede und Antwort stehen müssen, warum das Budget massiv *unter*schritten oder massiv *über*schritten worden ist. Dies ist der Teil, den ich ganz nüchtern mit dem Swiss Performance Index vergleichen möchte.

Wenn Sie nun nach dem Frühstück die Blumentöpfchen auf die Zimmer unserer Patientinnen und Patienten bringen werden, dann bringen Sie nicht den Swiss Performance Index, sondern dann bringen Sie den Ferientraum von den Rocky Mountains. Sie bringen nämlich nicht einfach günstig eingekaufte Blumentöpfchen von der Gärtnerei. Sie bringen sich selbst auch mit. Sie bringen einen Gruss von der Zwinglikirche und der Herz Jesu-Pfarrei mit. Mit Ihrem Blumenbesuch zeigen Sie, dass unsere Patientinnen und Patienten nicht vergessen werden. Sie bringen auch ein wenig den Traum von der Vergangenheit in die Zimmer. Viele unserer Patientinnen haben früher im Frühling auch Blumentöpfchen gekauft und die Wohnung oder den Vorgarten damit geschmückt. Das ist im

Krankenheim nicht mehr möglich. Wenn man sich nur noch im Rollstuhl bewegen kann, dann kann man keine Blumentöpfchen mehr in den Vorgarten pflanzen.

Mit Ihrem Besuch bringen Sie zwar nicht den Traum von den Rocky Mountains in die Zimmer, aber den Traum des Nichtvergessen-Seins, den Traum von der Vergangenheit, als unsere Patientinnen und Patienten noch selbst die Wohnung mit Blumentöpfchen schmücken konnten.

Wenn unsere Patientinnen und Patienten bei Ihrem heutigen Besuch an diesen „Traum" denken und nicht an die Rocky Mountains, denn denken sie tatsächlich wie wir.

„Schätze den Arzt, weil man ihn braucht.“[15]

Jesus Sirach 38,1-15

Wenn ein Arzt nach 30 Jahren Dienst in einem Krankenheim pensioniert wird, dann ist dies sicher Anlass genug, ihm zu danken und ihn würdevoll zu verabschieden. Wir sind froh, dass unser langjähriger Chefarzt Dr. Peter Liggenstorfer heute unter uns ist und wir uns am Schluss des Gottesdienstes persönlich von ihm verabschieden können.

Aus diesem Anlass möchte ich heute meiner Predigt biblische Gedanken zur Rolle des Arztes zugrunde legen. Ich habe in der Computer-Konkordanz nachgeschaut, wo überall in der Bibel das Wort Arzt vorkommt. Dabei bin ich auf einen schönen Text gestoßen. Er stammt aus den Spätschriften des Alten Testaments. Ich möchte Ihnen den Text nicht ohne Schmunzeln vorlesen. Dr. Liggenstorfer war mir gegenüber eigentlich immer für eine spaßige oder ironische Bemerkung aufgelegt, und so denke ich, dass auch er jetzt schmunzeln wird, wenn er den Text hört.

Es ist ein Bibeltext aus dem zu den Apokryphen zählenden biblischen Buch Jesus Sirach. Ich lese aus Kapitel 38 die Verse 1-15 (Einheitsübersetzung).

„Schätze den Arzt, weil man ihn braucht; denn auch ihn hat Gott erschaffen. Von Gott hat der Arzt die Weisheit, vom König empfängt er Geschenke. Das Wissen des Arztes erhöht sein Haupt, bei Fürsten hat er Zutritt. Gott bringt aus der Erde Heilmittel hervor, der Einsichtige verschmähe sie nicht. Wurde nicht durch ein Holz das Wasser süß, sodass

---

[15] 25. April 2004 (Abschied Chefarzt Dr. Peter Liggenstorfer).

Gottes Macht sich zeigte? Er gab dem Menschen Einsicht, um sich durch seine Wunderkräfte zu verherrlichen. Durch Mittel beruhigt der Arzt den Schmerz, ebenso bereitet der Salbenmischer die Arznei, damit Gottes Werke nicht aufhören und die Hilfe nicht von der Erde verschwindet. Mein Sohn, bei Krankheit säume nicht, bete zu Gott; denn er macht gesund. Lass ab vom Bösen, mach deine Hände rechtschaffen, reinige dein Herz von allen Sünden! Bring den beruhigenden Duft eines Gedenkopfers dar, mach die Gabe fett, wenn dein Vermögen es erlaubt. Doch auch dem Arzt gewähre Zutritt! Er soll nicht fernbleiben; denn auch er ist notwendig. Zu gegebener Zeit liegt in seiner Hand der Erfolg; denn auch er betet zu Gott, er möge ihm die Untersuchung gelingen lassen und die Heilung zur Erhaltung des Lebens. Wer gegen seinen Schöpfer sündigt, muss die Hilfe des Arztes in Anspruch nehmen."

Man muss schon ein wenig schmunzeln, wenn man diese biblischen Lebensweisheiten hört und man muss auch kritisch über einzelne Vorstellungen reden, welche diesem Text zugrunde liegen, da sie sonst völlig falsch verstanden werden könnten.

Bevor ich jedoch auf Einzelheiten im Text eingehe, möchte ich zuerst etwas über das Buch Jesus Sirach sagen. Das Buch Jesus Sirach ist in der Spätzeit des Alten Testaments entstanden und hat wie einige andere biblische Bücher keinen Eingang mehr in die hebräische Bibel gefunden. Der Bibelübersetzer Martin Luther hat die Spätschriften des Alten Testaments als Apokryphen (verborgene Schriften) bezeichnet und hat sie zwischen die Schriften des Alten Testaments und des Neuen Testaments als separaten Teil eingeordnet. Auch der Schweizer Reformator Huldrych Zwingli ist diesem System gefolgt.

Falls Sie vor dem Gottesdienst den auf dem Gottesdienstzettel angegebenen Predigttext nachlesen wollten, und nur eine Bibel ohne Apokryphen hatten, dann haben Sie diesen Text vergeblich gesucht. Man findet ihn also nur in einer Bibel, welche auch die Apokryphen, die Spätschriften, enthält.

Martin Luther hat den Apokryphen auch nicht die gleiche Bedeutung beigemessen wie den übrigen Büchern des Alten Testaments, sondern hat sie so bezeichnet: *„Das sind Bücher so der Heiligen Schrift nicht gleich gehalten und doch nützlich und gut zu lesen sind."* Insofern ist es sicher richtig, wenn wir uns heute von diesem nützlichen und guten Text leiten lassen.

Übrigens gehörten die Spätschriften in der katholischen Kirche schon immer zum Alten Testament und in der heute in der katholischen Kirche gebrauchten Bibelübersetzung „Einheitsübersetzung" steht das Buch Jesus Sirach direkt vor dem Buch Jesaja.

Der Verfasser ist ein Weisheitslehrer mit dem Namen „Jesus, Sohn Eleasars, des Sohnes Sirach". Das Buch ist vermutlich um das Jahr 180 vor Christus in Jerusalem abgefasst worden. „Inhaltlich handelt es sich um eine lockere Sammlung von Lebens- und Verhaltensregeln, mit denen sich der Verfasser vor allem an die Jugend wendet, um sie für die Aufgaben und Schwierigkeiten des Lebens zu erziehen."[16] „Haupttugend ist immer die Gottesfurcht."[17] „Der Verfasser verbindet harmonisch die Treue zum althergebrachten Glauben mit der Offenheit für die Probleme seiner Zeit."[18]

---

[16] Einheitsübersetzung der Heiligen Schrift. DIE BIBEL, Stuttgart 1980, S. 752.
[17] Ebd., S. 753.
[18] Ebd.

Sofort fällt einem auf, dass Jesus Sirach bei seinen Lesern eine Lanze für den Arzt brechen muss. Anscheinend ist es damals gar nicht selbstverständlich, dass man den Arzt schätzt. Sonst müsste der Verfasser seine Abhandlung über den Arzt nicht damit beginnen, dass er sagt: „Schätze den Arzt, weil man ihn braucht." Es geht also nicht um eine Wertschätzung als solche, sondern Jesus Sirach weiß ganz pragmatisch, dass man den Arzt einfach braucht. Und das wissen Sie alle ja auch. Wie froh sind wir, wenn wir Schmerzen haben oder wenn wir gestürzt sind und dann ein Arzt kommt, der uns untersucht und uns eine Spritze gegen die Schmerzen gibt.

Sicher war die medizinische Kunst zu Zeiten Jesus Sirachs noch nicht so weit fortgeschritten wie heute. Und doch weiß der biblische Verfasser, wie wichtig der Arzt ist.

Schmunzeln muss man bei der Begründung für die Wertschätzung *„denn auch ihn hat Gott erschaffen"*. Auch der Arzt ist also ein Geschöpf Gottes und ist deshalb wertzuschätzen.

Jesus Sirach zeigt aber auch gleich auf, woher das Wissen des Arztes letztlich kommt. Es sind nicht die medizinischen Vorlesungen, die praktischen Übungen im Operationssaal, von denen der Arzt seine Weisheit bezieht. Letztlich hat der Arzt die Weisheit von Gott. Ich möchte diesen Gedanken des biblischen Verfassers nicht grundsätzlich infrage stellen, bin aber doch froh, dass Dr. Liggenstorfer seine große Weisheit nicht allein als Eingebung von Gott ansah, sondern dass er sich mit intensiver medizinischer Fachlektüre à jour gehalten hat und dass er sich bei seinem Unterricht in der Schule für Pflegeberufe nicht allein auf Gott verlassen hat, sondern auch auf eine gute Vorbereitung. Schließlich hat er während seiner 30jährigen Tätigkeit im Adlergarten nicht nur die Patientinnen und Patienten betreut, sondern auch Generationen von Pflegeassistentinnen und Krankenschwestern medizinisch ausgebildet.

Jesus Sirach weiß aber auch, dass der Arzt neben der Weisheit, die er von Gott hat, auch das Wissen hat, das er sich erst durch ein langes Studium erwerben musste. Das bringt ihm dann auch Annehmlichkeiten. Er erhält vom König Geschenke. Das ist heute anders. Geschenke darf der Arzt nicht annehmen, denn das könnte als Bestechung angesehen werden. Dafür kann er aber „Taxpunkte" auf die Rechnung schreiben, welche die Krankenkasse meist ohne Murren abzüglich Franchise und Selbstbehalt wieder zurück erstattet.

Wegen seines Wissens und seiner Weisheit hat man Respekt vor dem Arzt, meint der biblische Verfasser. *„Das Wissen des Arztes erhöht sein Haupt, bei Fürsten hat er Zutritt."* Ja sein Wissen verschafft ihm sogar Zutritt zu den Fürsten, den damaligen oberen Zehntausend.

Aber die Tätigkeit des Arztes beschränkt sich ja nicht nur auf eine saubere Diagnose aufgrund seines medizinischen Wissens. Da gibt es ja auch die Heilmittel, welche die Erde hervor bringt. Zur Zeit Jesus Sirachs gab es vermutlich nur Homöopathie mit pflanzlichen Kräutern und Wurzeln. Wie froh sind wir heute, dass die pharmazeutische Industrie chemische Heilmittel produziert, welche oftmals viel schneller und besser wirken als ein Kamillentee. Nichts gegen Kamillentee. Der hat durchaus seine Bedeutung. Aber gerade dann, wenn es um gezielte Schmerzlinderung im Sinne der sogenannten palliativen Medizin geht, sind wir doch dankbar über die Pharmaindustrie mit ihren wirksamen und genau dosierbaren Pillen oder Infusionen. Niemand möchte doch unerträgliche Schmerzen leiden.

Anscheinend gab es zu Jesus Sirachs Zeiten solche, welche eine Behandlung mit Heilmitteln abgelehnt haben. Denen redet der biblische Verfasser ins Gewissen: *„Der Einsichtige verschmähe die Heilmittel nicht"*.

Das Thema Schmerzlinderung, das heute in der palliativen Medizin zu Recht so groß geschrieben wird, taucht bereits in diesem Text der Bibel auf: *„Durch Mittel beruhigt der Arzt den Schmerz, ebenso bereitet der Salbenmischer die Arznei, damit Gottes Werke nicht aufhören und die Hilfe nicht von der Erde verschwindet."*

Damals hat es anscheinend noch keine Konkurrenz zwischen Arzt und Apotheker gegeben. Der Arzt hat die Mittel verabreicht und der Salbenmischer, wie ihn Jesus Sirach nennt, hat die Mittel hergestellt.

Allmählich fragt man sich beim Predigttext, ob der biblische Verfasser denn den lieben Gott bei der Krankheit ganz aus dem Spiel lässt. Aber nein, nachdem Arzt und Salbenmischer ihr Werk vollendet haben, geht es um die Macht des Gebets. *„Mein Sohn, bei Krankheit säume nicht, bete zu Gott; denn er macht gesund."*

Dass weiß der biblische Autor. So wichtig auch Arzt und Salbenmischer sind, letztlich ist es Gott, der gesund macht. Ich finde es sehr schön, dass hier Medizin und Seelsorge nicht gegeneinander ausgespielt werden, sondern dass beide eng miteinander zusammenarbeiten oder wie es Neudeutsch heißt, ein „Joint Venture" eingehen.

Dr. Liggenstorfer hat mir erzählt, dass es an einer der ersten Sitzungen, die er vor fast 30 Jahren hier im Adlergarten hatte, um die Errichtung eines Spitalpfarramtes im Krankenheim Adlergarten ging. Und das Reglement für das städtische reformierte Spitalpfarramt Winterthur trägt als Unterschrift des „Schreibers“ den Namen Liggenstorfer.

Der Schluss des Bibeltextes könnte missverstanden werden, wenn man die damaligen theologischen Vorstellungen in Israel nicht kennt. Da heißt es: *„Wer gegen seinen Schöpfer sündigt, muss die Hilfe des Arztes in Anspruch nehmen.“* Dahinter steht die teilweise in Israel vorhandene Vorstellung, Krankheit sei Folge von Sünde. Gegen diese Vorstellung wendet sich aber ganz deutlich Psalm 73[19] und auch das biblische Buch Hiob[20] ist ein beredtes Zeugnis dafür, dass es unschuldiges Leiden gibt und dass die Gleichung Krankheit gleich Sünde[21] in der Realität nicht aufgeht.

Sind wir doch froh, dass wir auch dann, wenn wir nicht gesündigt haben, die Hilfe des Arztes in Anspruch nehmen dürfen. Denn auch beim allerbesten Lebenswandel haben wir keine Garantie, dass wir von Krankheit und Leiden verschont bleiben. Auch wenn wir vom Bösen ablassen, unsere Hände rechtschaffen machen und unser Herz von allen Sünden reinigen, so wie es Jesus Sirach beschreibt. Auch dann sind wir nicht vor Krankheit gefeit und dürfen die Unterstützung des Arztes, des Seelsorgers und letztlich Gottes in Anspruch nehmen.

---

[19] Siehe dazu die Predigt: Das „Dennoch“ des Glaubens (Psalm 73).
[20] Siehe dazu die Predigten: „Zum Klatsch bin ich geworden.“ (Hiob 30,9) und: „Warum bleiben die Frevler am Leben?“ (Hiob 21,7-21).
[21] Siehe dazu die Predigt: Krankheit als Folge von Sünde und Schuld? (Johannes 9,1-7).

Schuhe machen glücklich.[22]

Kaum waren die Kantons- und Regierungsratswahlen vorbei, wo auf fast allen Plakaten die Köpfe der sich zur Wahl stellenden Kandidatinnen und Kandidaten prangten, dann wechselte die Allgemeine Plakatgesellschaft schon die Plakate aus und ersetzte sie durch neue.

Ich traute meinen Augen kaum, als ich am Tag nach der Wahl schon wieder ein Plakat mit einem Männerkopf sah. Sollte das verspätete Wahlwerbung sein, oder wollte da ein ganz besonders „tiffiger“ (gerissener) Kandidat sich bereits jetzt für die Nationalratswahlen im Herbst empfehlen?

Weit gefehlt. Als ich das Plakat im Vorbeifahren genauer anschaute, sah ich, dass der Name einer Firma abgebildet war, und unterhalb des lächelnden Männerkopfes stand *„Schuhe machen glücklich“*.

Jetzt wird anscheinend nicht mehr für „Köpfe“ Werbung gemacht, sondern für Schuhe, dachte ich. Schuhe sollen also glücklich machen. Mich haben zwar noch keine Schuhe glücklich gemacht vor allem nicht dann, wenn sie neu waren. Sie waren hart und haben gedrückt. Der Spruch „Schuhe machen glücklich“ stammt also sicher nicht von mir. Ich finde ihn übrigens auch nicht so genial als Werbung für Schuhe. Da hätte man sich schon etwas Witzigeres einfallen lassen sollen.

Aber nehmen wir einmal an, Schuhe würden tatsächlich glücklich machen. Wir brauchen ja Schuhe, damit wir im Winter im Schnee nicht barfuß gehen müssen. Wir brauchen Schuhe für eine Bergwanderung, brauchen Schuhe fürs Einkaufen und manchmal brauchen wir auch Schuhe, um bei einer noblen Veranstaltung auch zu zeigen, dass wir

---

[22] 13. März 2003.

nicht nur elegante Kleider, sondern auch elegante Schuhe haben. Schließlich werden Schuhe heute ja auch von Modedesignern kreiert. Anscheinend gibt es Menschen, die geradezu in Schuhe vernarrt sind wie die Frau des früheren philippinischen Diktators Imelda Marcos. Ich weiß nicht, wie viel Paar Schuhe sie in ihrem Schrank hatte. Und trotzdem haben sie Schuhe nicht glücklich gemacht. Wahrscheinlich hatte sie Schuhe von der falschen Marke. Hätte sie Schuhe von der Firma gehabt, die jetzt mit ihren Plakaten in Winterthur Werbung macht, dann wäre sie wahrscheinlich auch glücklich gewesen.

Schuhe sollen glücklich machen. Aber was machen da viele unserer Bewohnerinnen und Bewohner, die gar keine Schuhe mehr haben, weil sie während Jahren das Bett hüten müssen. Sie hätten sicher gerne glückliche Schuhe, mit denen sie noch auf den Markt gehen könnten oder sich in einem gemütlichen Altstadt-Café zeigen könnten. Im Bett brauchen sie keine Schuhe, und wenn sie ab und zu noch aufstehen können, dann reichen „Finken" (Hausschuhe).

Ich glaube nicht, dass wir diese Menschen im Adlergarten mit Schuhen glücklich machen können. Aber wir können sie mit unseren Schuhen besuchen, einige Worte mit ihnen wechseln, ihnen unsere Zuneigung spüren lassen, ihnen ein ehrlich gemeintes Lächeln schenken. Das wird sie sicher glücklicher machen als Schuhe.

Zum Glück haben Sie alle glückliche Schuhe an und sind nicht barfuß in den Adlergarten gekommen. Das ist ihr Glück, denn sonst müssten wir Ihnen aus Gründen der Hygiene den Zutritt zu den Zimmern verweigern. Insofern machen Sie Ihre Schuhe eben doch glücklich.

Jetzt soll sie noch eine Tasse Kaffee und ein Gipfeli glücklich machen. Aber nachher sollen Sie sich auf die Socken machen, „äxgüsi" (Entschuldigung) auf die Schuhe machen und mit Ihrem Besuch andere Menschen glücklich machen.

Schwer hören er**leicht**ern.[23]

Markus 7,31-37

«Jesus verließ das Gebiet von Tyrus wieder und kam über Sidon an den See von Galiläa, mitten in das Gebiet der Dekapolis. Da brachte man einen Taubstummen zu Jesus und bat ihn, er möge ihn berühren. Er nahm ihn beiseite, von der Menge weg, legte ihm die Finger in die Ohren und berührte dann die Zunge des Mannes mit Speichel; danach blickte er zum Himmel auf, seufzte und sagte zu dem Taubstummen: Effata!, das heißt: Öffne dich! Sogleich öffneten sich seine Ohren, seine Zunge wurde von ihrer Fessel befreit, und er konnte richtig reden. Jesus verbot ihnen, jemand davon zu erzählen. Doch je mehr er es ihnen verbot, desto mehr machten sie es bekannt. Außer sich vor Staunen sagten sie: Er hat alles gut gemacht; er macht, dass die Tauben hören und die Stummen sprechen.» (Markus 7,31-37; Einheitsübersetzung)

Vor zwei Wochen war ich am Schwerhörigen-Weltkongress in Vancouver / Kanada. 520 Personen aus 27 verschiedenen Ländern nahmen daran teil. In Vorträgen wurden die neuesten Forschungsergebnisse zum Thema Schwerhörigkeit vorgestellt. Der Austausch unter hörbehinderten Menschen weltweit ist ganz wichtig. Dies hilft mit, die Öffentlichkeit für die Anliegen schwerhöriger Menschen zu sensibilisieren. Gleichzeitig werden die Betroffenen ermutigt, mit ihrer eigenen unsichtbaren Behinderung besser umzugehen.

Der Schwerhörigen-Weltkongress findet alle vier Jahre statt. Dies war mein vierter Kongress, an dem ich als Vizepräsident des europäischen Schwerhörigenverbands (EFHOH) teilnahm.

---

[23] 20. Juli 2008.

Bedrückt hat mich diesmal die Tatsache, dass die Probleme schwerhöriger Menschen trotz neuester Hörgerätetechnologie grundsätzlich noch die gleichen sind wie vor 12 Jahren bei meinem ersten Kongressbesuch.

Schwerhörigkeit ist eben eine unsichtbare Behinderung und wird deshalb von der Öffentlichkeit nicht wirklich ernst genommen. Zudem ist Schwerhörigkeit trotz modernster Hörgeräte eine Behinderung im zwischenmenschlichen Bereich, die von der Rücksichtnahme des Gegenübers und der akustischen Situation abhängig ist.

Viele Schwerhörige mit einem gut angepassten Hörgerät haben keine Kommunikationsprobleme in einem Zweiergespräch in ruhiger Umgebung. Sobald es aber ein Gewimmel von Menschen hat, die alle gleichzeitig reden, oder wenn während des Gesprächs Hintergrundmusik läuft, wird das Verstehen zur Katastrophe.

Einen wichtigen Beitrag für schwerhörige Menschen leisten die Schwerhörigen-Vereine. Sie wurden früher Hephata-Vereine genannt. Woher dieser etwas seltsame Name stamme, wurde ich einmal gefragt. Die eben gelesene Wundergeschichte gibt uns die Antwort darauf. "Hephata"- tu dich auf, öffne dich, das ist der Stoßseufzer, den Jesus zum Himmel schickt in der Hoffnung, dass Gott den Taubstummen heilt und ihm wieder Mund und Ohren öffnet.

Früher benutzte man den eigentlich falschen Ausdruck "Taubstumme". Wir reden heute von Gehörlosen, denn Gehörlose sind ja nicht stumm. Gehörlose hören zwar nichts, aber sie verständigen sich durch Gebärdensprache.

Von den Gehörlosen zu unterscheiden sind die Schwerhörigen. Sie *können* hören und benützen keine Gebärdensprache. Aber ihre Hörfähigkeit ist eingeschränkt. Sie haben meist einmal gut gehört und haben durch Vererbung, Nebenwirkungen von Medikamenten, Krankheit, Unfall oder auch einfach durchs Alter einen teilweisen Hörverlust erlitten. Man kann sich das wie bei der Tastatur eines Klaviers vorstellen. Gut hörende hören alle Töne der Tonleiter. Schwer hörende hören einzelne Töne nicht. Für sie tönt eine Tonleiter, wie wenn jemand einzelne Klaviertasten weggenommen hätte.

Zum Glück gibt es heute für die Schwerhörigen Hilfsmittel. Aber auch die modernsten computergesteuerten Hörgeräte, die man hinter dem Ohr tragen kann, können keine Wunder vollbringen. Aber sie helfen mit, Menschen aus der Vereinsamung herauszuholen und sie wieder in die Gemeinschaft zu integrieren.

"Wer Ohren hat zum Hören, der höre", heißt es immer wieder in der Bibel (z. B. Markus 4,23). Aber Hören ist ja mehr als das Wahrnehmen von Schallwellen mit messbaren Frequenzen wie bei einem Hörtest. Hören bedeutet auch, sich öffnen, offen werden für das Gesagte. Hören bedeutet, das Wort umsetzen in den Alltag, den Zuspruch des Gotteswortes auf sich wirken lassen.

"Hephata"- tu dich auf, öffne dich. Was hat es mit diesem fremd klingenden Wort auf sich? Dieses Wort kommt nur an dieser Stelle im Neuen Testament vor. Das Neue Testament war in der Originalsprache griechisch verfasst. Der Ausdruck "Hephata" ist nicht griechisch, sondern aramäisch und bedeutet so viel, wie „öffne, dich". Aramäisch ist mit der hebräischen Sprache eng verwandt und war *die* Sprache, die zur Zeit Jesu in Israel gesprochen wurde. Auch Jesus hat aramäisch gesprochen. Luther hat das aramäische Wort mit "Hephata" wiedergegeben, obwohl es eigentlich genau "effata" heißt.

Der Evangelist Markus siedelt die Wundergeschichte im heidnischen Gebiet an. Das Gebiet der zehn Städte war heidnisches Gebiet. Damit unterstreicht er, dass Jesus auch den Heiden Hilfe und Heilung zukommen lässt.

In den meisten Bibelübersetzungen wird der griechische Text mit „ein Taubstummer“ übersetzt. Auch die sonst hervorragende (Neue) Zürcher Bibel (2007) übersetzt leider immer noch so. Das trifft aber den genauen Sachverhalt nicht. Wenn man den griechischen Urtext wörtlich übersetzt, so ist die genannte Person, die zu Jesus gebracht wird „taub und mit schwerer Zunge redend“, also keineswegs „stumm“. Das könnte nach unserem heutigen Verständnis auch ein Schwerhöriger gewesen sein. Auch Schwerhörige haben nämlich oftmals etwas Mühe mit dem Sprechen, weil sie ja ihre eigene Sprache auch verzerrt hören. Dieser Schwerhörige wird zu Jesus gebracht. Jesus soll ihn berühren, wohl in der Hoffnung, dass er dadurch von seinem Leiden geheilt wird.

Jesus nimmt den Schwerhörigen beiseite. Er legt ihm die Finger in die Ohren. Dann berührt er die Zunge des Mannes mit Speichel. Speichel galt damals als Heilmittel. Dann blickt Jesus zum Himmel hinauf, seufzt und sagt zu dem Schwerhörigen: "Effata!, das heißt: Öffne dich!"

Das Wunder ist geschehen. Der Schwerhörige oder es könnte auch ein Gehörloser gewesen sein, hört wieder und er kann auch reden.

Wenn man die Auslegungsgeschichte dieses Bibeltextes näher anschaut, so fällt auf, dass praktisch immer nur von der Taubheit und der Stummheit im übertragenen Sinne geredet wird, so wie wenn es gehörlose und schwerhörige Menschen nur zur Zeit Jesu gegeben hätte. Sogar der populäre Theologe Eugen Drewermann erliegt dieser Gefahr, wenn er in seinem Markuskommentar schreibt: "Doch leben wir nicht fast alle so - sprach- und gehörlos, taubstumm wortwörtlich?"[24] Wenn Drewermann am eigenen Leib erfahren hätte, was Schwerhörigkeit bedeutet, dann hätte er das Problem nicht so banalisieren können. Für Hörbehinderte, die unter ihrer Schwerhörigkeit massiv leiden, klingt so etwas geradezu zynisch.

Der Bibelabschnitt ist zunächst ein Aufruf an uns, alles in unserer Macht Stehende zu tun, dass gehörlosen und schwerhörigen Menschen *die* Unterstützung zuteilwird, die heute möglich ist.

Und doch geht die Botschaft unseres Bibeltextes darüber hinaus. Die Wundergeschichte hat auch Bedeutung für Menschen mit gesunden Ohren. Im Markusevangelium kommt immer wieder das Motiv der unverständigen Jünger vor. Jesus sagt: "Begreift und versteht ihr immer noch nicht? Ist denn euer Herz verstockt? Habt ihr denn keine Augen, um zu sehen, und keine Ohren, um zu hören?" (Markus 8,17)

Die Jünger waren nicht gehörlos oder schwerhörig und blind und doch haben sie letztlich nichts gehört und nichts gesehen. Erst nach der Auferstehung haben sie Jesus wirklich verstanden. Es genügt also nicht, körperlich gesund zu sein. Gott muss uns unsere Augen und unsere Ohren öffnen.

Unser Predigttext soll uns auch dazu ermuntern, Rücksicht zu nehmen auf die Menschen, die nicht mehr gut hören oder die gar nichts hören. Wer schlecht hört, fühlt sich einsam, auch wenn viele Menschen um ihn herum sind.

"Effata" - öffne dich. Wir dürfen mit dem Zuspruch der Macht Gottes rechnen. Und doch wissen wir nur zu genau, dass Wunder selten sind.

---

[24] Eugen Drewermann, Das Markusevangelium, Erster Teil: Mk 1,1-9,13, Olten/Freiburg i. Br. 1987, S. 497.

Jesus hat auch nicht alle Kranken in Palästina geheilt. Mit ihm hat das Reich Gottes begonnen, aber es ist noch nicht vollendet. Wir leben noch in einer Welt mit Augen, mit denen wir nichts sehen und mit Ohren, mit denen wir nichts hören.

Wir kennen alle den Ausspruch aus Goethes Faust: "Die Botschaft hör' ich wohl, allein mir fehlt der Glaube." Hören ist nicht nur eine Sache des Gehörs. Man kann ein ausgezeichnetes Gehör haben und nichts hören. Und jemand, der einen großen Hörverlust hat, kann die Botschaft sehr wohl hören.

Wir können heute nicht mehr wie Jesus sagen "Effata - öffne dich". Aber wir können unseren Beitrag dazu leisten, dass auf Hörbehinderte Rücksicht genommen wird, dass die noch vorhandene Hörfähigkeit durch induktive Höranlagen und durch Hörgeräte optimal ausgenützt wird. Für viele Schwerhörige öffnet sich dadurch nämlich eine neue Welt. "Wer Ohren hat zum Hören, der höre!"

„Macht hellhörig.“[25]

Am Samstag habe ich in Zürich ein Werbeplakat der Neuen Zürcher Zeitung gesehen. Auf dem riesigen Plakat war nur ein Wattestäbchen abgebildet. Über dem Wattestäbchen stand in übergrosser Schrift *„Macht hellhörig“.*

Die Neue Zürcher Zeitung ist ja ein Medium, das man liest und nicht hört, im Unterschied etwa zu Radio und Fernsehen. Und doch soll dieses eigentlich zum Lesen gedachte Medium NZZ „hellhörig“ machen.

Ist das nicht ein Widerspruch? Was will der Werber mit seiner Botschaft sagen?

Ich denke, dass er damit sagen will, die Neue Zürcher Zeitung sei keine laute, reisserische Zeitung. Da gebe es keine fetten Schlagzeilen. Da würden keine süffisanten Details aus dem Privatleben von Politikerinnen auf die Titelseiten gebracht, da würde eher auf die Zwischentöne, auf die feinen Töne geachtet.

Wenn die NZZ diesem Anspruch genügt, dann stimmt es sicher, dass sie „hellhörig“ macht.

Nur die wenigsten unserer Bewohnerinnen und Bewohner lesen noch die NZZ. Aber sie werden hellhörig, wenn an ihre Zimmertür geklopft wird. Das ist nämlich in den allermeisten Fällen ein untrügliches Zeichen dafür, dass jetzt jemand auf Besuch kommt und den normalen oftmals immer gleichen Tagesablauf unterbricht.

Wenn Sie jetzt auf die Zimmer gehen, dann bringen Sie den Bewohnerinnen und Bewohnern keine Neue Zürcher Zeitung, die hellhörig macht,

[25] 9. April 2001.

sondern Blumen, welche sie darauf aufmerksam machen, dass es Menschen gibt, welche für unsere chronischkranken Heimbewohnerinnen und -bewohner ein offenes Ohr haben, welche also hellhörig für sie sind. Wenn *Sie* kommen, dann werden unsere Leute nämlich auch ohne Zeitung hellhörig.

Das Wattestäbchen der NZZ sollten Sie übrigens am besten von den Ohren unserer Bewohnerinnen und Bewohner und auch von Ihren eigenen Ohren weglassen. Da ist der Werbefachmann schlecht über die Anatomie des Ohres informiert. Denn mit einem Wattestäbchen schieben Sie nur das Ohrenschmalz noch tiefer ins Ohr und sorgen dafür, dass man noch schlechter hört, anstatt dass Sie hellhörig werden.

Deshalb ist es sicher angebrachter, wenn Sie unseren Bewohnerinnen und Bewohner Blumen bringen anstatt eines Wattestäbchens. Das würde zudem auch sehr karg wirken.

Vermutlich werden unsere Bewohnerinnen und Bewohner beim Anblick der Blumen hellhöriger, als wenn Sie ihnen die heutige Ausgabe der NZZ bringen würden, auch wenn die NZZ hellhörig macht.

Keine neuen Formen von Sklaverei.[26]

1. Petrus 2,21-25

«Dazu seid ihr berufen worden; denn auch Christus hat für euch gelitten und euch ein Beispiel gegeben, damit ihr seinen Spuren folgt.
Er hat keine Sünde begangen, und in seinem Mund war kein trügerisches Wort.
Er wurde geschmäht, schmähte aber nicht; er litt, drohte aber nicht, sondern überließ seine Sache dem gerechten Richter.
Er hat unsere Sünden mit seinem Leib auf das Holz des Kreuzes getragen, damit wir tot seien für die Sünden und für die Gerechtigkeit leben. Durch seine Wunden seid ihr geheilt.
Denn ihr hattet euch verirrt wie Schafe, jetzt aber seid ihr heimgekehrt zum Hirten und Bischof eurer Seelen.» (Einheitsübersetzung)

Vor Jahren habe ich mit einer Konfirmandenklasse eine Nachtwanderung von Arth-Goldau (478 m.ü.M.) auf die Rigi (1'792 m.ü.M.) gemacht. Wir wollten während der Nacht auf die Rigi marschieren und am nächsten Morgen den Sonnenaufgang auf der Rigi erleben. Obwohl es Vollmond war, habe ich mich mit der Konfirmandengruppe total verlaufen und wir erreichten schließlich über die unwegsamste Steilwand den Gipfel der Rigi.

Irgendwie bin ich mir da wie ein verirrtes Schaf vorgekommen, das sich verlaufen hat, obwohl ich eigentlich den Weg von einer früheren Nachtwanderung auf die Rigi kannte.

Wir hatten in der Dunkelheit die Orientierung total verloren und fanden auch keine Fußspuren mehr, die uns den richtigen Weg gewiesen hät-

[26] 15. Februar 2009.

ten. Wie froh wären wir um eine Fußspur gewesen, der wir hätten folgen können und die uns Orientierung gegeben hätte.

Im anfangs gelesenen Bibeltext ist es Jesus Christus, der uns eine solche Spur hinterlassen hat, der wir folgen können. In seine Fußstapfen sollen wir treten. Diese sollen uns die Richtung weisen, damit wir nicht verloren sind.

Der Gekreuzigte und Auferstandene ist für uns das Vorbild, dem wir folgen dürfen. Christus hat für unsere Sünden gelitten. Dies soll uns Trost schenken, mit unserem eigenen Leiden fertig zu werden. Dies ist die Aussage dieses anfangs gelesenen Christusliedes aus dem 1. Petrusbrief.

Wir müssen Bibeltexte in ihrem Zusammenhang betrachten, sonst besteht die Gefahr des Missverständnisses. Auch für das Verständnis unseres Bibeltextes sind der unmittelbare und der gesamtbiblische Zusammenhang ganz wichtig.

Grundsätzlich wäre nichts dagegen einzuwenden, als Trost für menschliches Leiden wie im Predigttext das Leiden Christi anzuführen. Auch trotz bester Vorsätze wird es uns nicht gelingen, Leiden gänzlich aus der Welt zu schaffen. Oftmals stürzt das Leiden völlig unverhofft auf uns ein. Viele von Ihnen mussten den Schritt ins Pflegeheim machen, weil Sie trotz bester Vorsicht gestürzt sind und anschließend pflegebedürftig geworden sind.

Wir können versuchen, mögliche Hindernisse in der Wohnung aus dem Weg zu räumen, Treppenhäuser durch Geländer zu sichern. Und trotzdem werden wir es niemals zu 100% ausschließen können, dass Unfälle passieren, deren Folge es oftmals ist, dass Menschen pflegebedürftig werden und fortan ständig auf fremde Hilfe angewiesen sind.

Der heutige Bibeltext gehört zu den offiziellen Predigtabschnitten der Predigtordnung. Diejenigen, die diese Ordnung erlassen haben, haben sich elegant um die Problematik des biblischen Zusammenhangs, in der dieser Abschnitt steht, gedrückt. Das als Predigtabschnitt gewählte Christuslied, das den leidenden Christus als Vorbild hinstellt, folgt nämlich auf eine Ermahnung an Sklaven, sogar launenhaften Herren zu gehorchen. Ja sogar wenn die Sklaven ungerechtfertigt Schläge bekommen, dann sollen sie dies einfach erdulden.

Diese biblische Aussage hat dem Christentum schon manche Kritik eingebracht und wir müssen uns dieser Kritik durchaus stellen. Was hier im 1. Petrusbrief steht, der in der Spätzeit des Neuen Testaments entstanden ist, ist eine durchaus problematische Entwicklung innerhalb der Schriften des Neuen Testaments. Zwar wird die Sklaverei auch in den frühen Schriften des Neuen Testaments nicht grundsätzlich infrage gestellt. Dies wäre wahrscheinlich in der damaligen Zeit zu revolutionär gewesen, war die Sklaverei doch eine wichtige Stütze der antiken Gesellschaftsordnung. Die Christen waren auch eine kleine Minderheit, die es niemals geschafft hätte, die antike Gesellschaft komplett zu ändern. Zudem waren viele Christen damals selbst Sklaven.

Zumindest im Ansatz hat der Apostel Paulus eine kritischere Sicht als der Verfasser des 1. Petrusbriefes. Auch wenn Paulus die Sklaverei als gegeben voraussetzt, so hinterfragt er sie doch insoweit, als zumindest in der Gemeinde Jesu Christi kein Unterschied zwischen Herren und Sklaven gemacht werden darf. In Galater 3,26ff. schreibt Paulus: „Denn ihr alle, die ihr auf Christus getauft seid, habt Christus (als Gewand) angelegt. Es gibt nicht mehr Juden und Griechen, nicht Sklaven und Freie, nicht Mann und Frau; denn ihr alle seid »einer« in Christus Jesus." In *den* Texten im Kolosserbrief und im Epheserbrief, in denen Paulus die Sklaverei direkt anspricht, werden die Sklavenhalter zumindest ermahnt, ihren Sklaven das zu gewähren, was recht ist. Im 1. Petrusbrief hingegen, aus dem unser heutiger Predigttext stammt, wird die Sklaverei als selbstverständlich vorausgesetzt und nicht einmal ansatzweise hinterfragt. Das Ganze wird noch dadurch überhöht, dass die Sklaven sich sogar ungerechten Herren demütig unterordnen sollen. In Vers 18 heißt es: „Ihr Sklaven, ordnet euch in aller Ehrfurcht euren Herren unter, nicht nur den guten und freundlichen, sondern auch den launenhaften." Diese Aussage scheint mir auch gesamtbiblisch betrachtet sehr problematisch zu sein. Hier ist nicht mehr viel zu spüren vom Geist eines Apostels Paulus oder vom Geist Jesu, der sich um die Schwachen und Entrechteten gekümmert hat.

Man mag dem Verfasser des 1. Petrusbriefes zugutehalten, dass er die Möglichkeit einer generellen Änderung der damaligen Gesellschaftsverhältnisse als unrealistisch ansah und es deshalb vorzog, die Sklaven zum Ausharren in ihrer schwierigen Situation anzuhalten.

Ein weiterer Grund dafür, warum der Verfasser des 1. Petrusbriefes die Sklaverei mit keinem Wort tadelt, mag darin bestehen, dass der Brief an eine Gemeinde gerichtet ist, die unter Verfolgung, Schmähungen und Unterdrückung zu leiden hat. In dieser schwierigen Situation möchte man nicht noch Öl ins Feuer gießen, sondern den bedrängten Christen Trost zusprechen. Insofern kann man den Verfasser wohl nicht beschuldigen, er wolle die Sklaven nur vertrösten, anstatt ihnen Trost zu spenden.

Nur dürfen wir heute in einer demokratischen Gesellschaft keine Abhängigkeitsverhältnisse mehr wie die Sklaverei biblisch rechtfertigen. Man muss leider sagen. Über Jahrhunderte wurde die Sklaverei auch von der christlichen Kirche als unveränderbar angesehen und toleriert. Es waren die Methodisten in den USA, die im Jahre 1780 als Erste die Sklaverei kirchlich verboten haben. Sie beriefen sich auf einen Ausspruch Jesu, die so genannte „Goldene Regel" aus Matthäus 7,12: „Alles, was ihr also von anderen erwartet, das tut auch ihnen! Darin besteht das Gesetz und die Propheten."

Dass es Barack Obama vor wenigen Wochen geschafft hat, als erster afroamerikanischer Präsident ins Weiße Haus einzuziehen, ist ein sehr ermutigendes Zeichen. Es zeigt aber auch, wie lange es gebraucht hat, bis Nachfahren der Sklaven auch in echte politische Spitzenpositionen gelangt sind.

Niemals dürfen wir heute irgendwelche Formen von Sklaverei theologisch gutheißen. Die Würde des Menschen ist unverletzlich. Jeder Mensch muss seine Würde behalten dürfen bis zum letzten Atemzug. Gerade pflegebedürftige Menschen kommen notgedrungen in neue Abhängigkeitsverhältnisse. Wir Betreuungspersonen dürfen niemals solche Abhängigkeitsverhältnisse zuungunsten der Bewohnerinnen und Bewohner ausnützen. Das wäre die versteckte Einführung einer neuen Form von Sklaverei, wie sie längst im gesellschaftlichen Bereich abgeschafft worden ist.

Trotzdem gibt es immer wieder ganz subtile Formen von „Sklaverei", die gar nicht so leicht zu durchschauen sind. Wir spielen unsere Macht gegenüber anderen aus, lassen andere spüren, wer am längeren Hebel sitzt. Wir üben psychischen Druck auf andere aus, ohne dass sich diese wehren können.

Wir müssen darauf achten, dass wir nicht neue Formen von Sklaverei einführen, die rechtlich nicht einklagbar sind. Gerade der auf Hilfe angewiesene Mensch kann leicht „versklavt“ werden, ohne dass er sich dagegen wehren kann.

Um Christi und des Evangeliums willen müssen wir alle Hebel in Bewegung setzen, um das Leiden auf der Welt so gut wie möglich zu verringern. Ich möchte dies mit einem Wortspiel ausdrücken. *Es muss zur Leidenschaft werden, all das, was Leiden schafft, zu verringern.*

Ganz wird es uns zwar nie gelingen. Viele von ihnen, die Sie hier sind oder in Ihrem Zimmer im Bett liegen und übers Hausradio zuhören, wissen nur zu genau, dass es Leiden gibt, das nach dem heutigen Stand der Medizin nicht gelindert werden kann. Das medizinische und das Pflegepersonal gibt sich alle Mühe, Schmerzen so weit wie möglich zu lindern. Aber das Leiden in all seinen Formen können wir nie ganz aus der Welt schaffen.

In solchen Situationen des Leidens mag die Lösung, wie sie der 1. Petrusbrief anbietet, eine seelsorgerliche Hilfe sein. Wenn wir unser eigenes Leiden vom Leiden Christi her verstehen, dann kann dies Trost für uns sein.

Selbstbestimmtes Leben.[27]

Am letzten Donnerstag und Freitag war ich in Brüssel an einer Konferenz der Europäischen Union zum europäischen Tag der behinderten Menschen. Ich habe dort den europäischen Schwerhörigenverband vertreten.

Es ging an der Tagung um das Zusammenleben in der Gesellschaft von behinderten und nicht behinderten Menschen.

Mir sind bei den Vorträgen vor allem zwei Themen geblieben, die mich immer noch beschäftigen. Einmal wurde anhand demografischer Zahlen eindeutig die zunehmende Überalterung unserer Gesellschaft aufgezeigt, zum anderen die hohe Arbeitslosigkeit unter behinderten Menschen. Da die Überalterung aber auch vor den Behinderten nicht Halt macht, kommt da zusätzlich ein riesiges Problem auf uns zu.

Zugleich wurden von einigen Referenten Postulate aufgestellt, die mir äußerst problematisch erscheinen. Ein schwedischer Professor hat offen für die Abschaffung von geschlossenen Heimen für behinderte Menschen plädiert. Diese sollen viel eher mit sogenannten Assistenzbudgets in Familien oder kleinen Wohngemeinschaften selbstbestimmt leben können. Ein Rollstuhlfahrer aus Spanien hat mit Vehemenz für diese Lösung plädiert und dies als eine Frage der Menschenrechte hingestellt.

Demgegenüber trat eine Italienerin zusammen mit ihrem autistischen Sohn ans Rednerpult und sagte offen, dass ihr Sohn, der neben ihr stand, von dem allem gar nichts mitbekomme. Durch seinen Autismus lebe er in seiner eigenen Welt. Irgendwie hat mich das betroffen gemacht.

---

[27] 5. Dezember 2005.

Der autistische Sohn lebt jetzt in der eigenen Familie. Die Sorge dieser Mutter war es nun, was mit ihrem Sohn passiere, wenn sie selbst alt werde und nicht mehr für ihn sorgen könne. Ein selbstbestimmtes Leben könne er auf keinen Fall führen. Wer nimmt ihn dann auf?

Immer wieder hören wir ja auch in Winterthur ähnliche Gedanken von einem selbstbestimmten Leben, wenn es an die Sanierung oder den Neubau von Alters- und Pflegeheimen geht. Manche möchten diese am liebsten auch abschaffen, und die alten Menschen in flexible kleine Wohngruppen integrieren.

So sehr ich es dem spanischen Rollstuhlfahrer gönne, wenn er in einem Zentrum für selbstbestimmtes Leben leben kann, so bin ich doch der Überzeugung, dass wir auch in Zukunft Heime wie den Adlergarten brauchen werden, weil die meisten unserer Bewohnerinnen und Bewohner gar nicht mehr in der Lage wären, ein selbstbestimmtes Leben zu führen.

An der Konferenz hat ein hochrangiger Mitarbeiter der Europäischen Kommission das Stichwort des Sozialvertrags erwähnt. Wir sind als Gesellschaft dafür verantwortlich, dass für behinderte wie nichtbehinderte alte Menschen im Alter gesorgt wird.

Ich bin der Meinung, dass man auch in einer Institution wie dem Adlergarten ein selbstbestimmtes Leben innerhalb gewisser Grenzen führen kann. Wichtig ist nicht mehr in erster Linie die Mobilität. Unsere Bewohnerinnen und Bewohner brauchen keine persönlichen Assistenten mehr, die zusammen mit ihnen zu einem Eishockeymatch gehen, wie es ein anderer schwedischer Vertreter formulierte. Sie brauchen Menschen, die sie besuchen, Ihnen Zuwendung schenken, ihnen zuhören und sie wegen ihrer Vergesslichkeit nicht auslachen.

Wenn Sie jetzt dann anschließend auf die Zimmer gehen und die Bewohnerinnen und Bewohner besuchen und ihnen als bleibende Erinnerung an ihren Besuch eine kunstvoll gestaltete Weihnachtskarte der Zwinglikirche und der Herz Jesu-Pfarrei überreichen, dann tun sie einen wichtigen Dienst für ein selbstbestimmtes Leben unserer Menschen hier im Adlergarten. Sie werden dann für einen Moment zum persönlichen Assistenten unserer Bewohnerinnen und Bewohner, und weil Sie das freiwillig tun, kostet das dem Departement Soziales der Stadt Winterthur keinen einzigen Franken an sogenannten Assistenzbudgets.

Gott ist anders, als wir denken.[28]

Jona 4,1-11

»Das verdross Jona gar sehr, und er ward zornig. Und so betete er zum Herrn und sprach: Ach Herr, das ist's eben, was ich mir sagte, als ich noch in meinem Lande war. Darum wollte ich auch das erste Mal nach Tharsis fliehen. Denn ich wusste ja, dass du ein gnädiger und barmherziger Gott bist, langmütig und reich an Huld, und dass dich des Übels gereut. Und nun, o Herr, nimm doch meine Seele von mir; denn es ist mir lieber, ich sterbe, als dass ich noch weiterlebe. Da antwortete der Herr: Ist es recht, dass du so zürnst? Darnach ging Jona zur Stadt hinaus und ließ sich östlich der Stadt nieder. Er baute sich dort eine Hütte und saß darunter im Schatten, bis er sähe, wie es der Stadt ergehen würde. Und Gott der Herr entbot einen Rizinus; der wuchs über Jona empor, um seinem Haupte Schatten zu geben und ihm so seinen Unmut zu nehmen. Über diesen Rizinus freute sich Jona sehr. Als aber am folgenden Tag die Morgenröte aufstieg, entbot Gott einen Wurm; der stach den Rizinus, sodass er verdorrte. Und als die Sonne aufging, entbot Gott einen schwülen Ostwind, und die Sonne stach auf Jonas Haupt, sodass er matt wurde. Da wünschte er sich den Tod und sprach: Es ist mir lieber, ich sterbe, als dass ich noch weiterlebe. Gott aber sprach zu Jona: Ist es recht, dass du so zürnst, um des Rizinus willen? Er antwortete: Ja, mit Recht zürne ich so, dass mir das Leben verleidet ist. Da sprach der Herr: Dich jammert des Rizinus, um den du doch keine Mühe gehabt und den du nicht großgezogen hast, der in e i n e r Nacht geworden und in e i n e r Nacht verdorben ist. Und mich sollte der großen Stadt Ninive nicht jammern, in der über 120 000 Menschen sind, die zwischen rechts

---

[28] 17. Juni 2007.

und links noch nicht unterscheiden können, dazu die Menge Vieh?« (Jona 4,1-11 / Zürcher Bibel)

Wer kennt nicht die Situation? Da ist uns vor lauter Zorn und Ärger das Leben verleidet. Da sind unsere Wunschvorstellungen nicht in Erfüllung gegangen. Da möchte man am liebsten wieder Kind sein und trotzig mit den Füssen stampfen, die Zunge herausstrecken und "Bäh" sagen.

Da hat man sich auf den Besuch eines lieben Angehörigen gefreut und der Betreffende erscheint dann nicht. Ja, ich wusste es doch vorher schon, dass er nicht kommen würde. Auf ihn ist doch kein Verlass! Jetzt habe ich den ganzen Nachmittag gewartet und jetzt kommt er nicht. Nichts als Ärger hat man mit ihm.

In unserer biblischen Erzählung sitzt Jona unter seinem Rizinusstrauch. Er ärgert sich nicht über Menschen, sondern über Gott, der nicht seinen Wunschträumen entsprochen hat. Dieser Gott ist anders als Jona denkt und das ärgert ihn maßlos. So maßlos, dass ihm das Leben verleidet ist und er sterben möchte. Sterben vor Zorn und Ärger.

Dieser Gott ist nach der Meinung des Jona zu gut. Er greift nicht hart durch. Er zeigt Barmherzigkeit, wo Jona Vergeltung erwartet hat. *Gott ist anders, als wir denken. Er zeigt Barmherzigkeit, wo wir Vergeltung erwarten.*

Das ist die eigentliche Botschaft des Jonabüchleins, dessen Thema lautet: Jona und der barmherzige Gott.

In den deutschen Bibelübersetzungen ist das Jonabuch unter die Prophetenbücher eingereiht. Aber eigentlich ist das Jonabüchlein eine Lehrerzählung und kein Prophetenbuch.

In der hebräischen Bibel ist das Buch Jona deshalb unter den „Schriften“ und nicht unter den „Propheten“ zu finden.

Das Buch Jona möchte nämlich lehrhaft erzählen, was es bedeutet, dass der alttestamentliche Gott Jahwe ein barmherziger und gnädiger Gott ist. Das Bekenntnis aus 2. Mose 34,6 "Der Herr, der Herr - ein barmherziger und gnädiger Gott, langmütig und reich an Huld und Treue" wird hier erzählerisch entfaltet. Das Jonabuch bedient sich dabei vieler Bilder und Symbole. Ja, es ist sogar mit viel Humor gespickt. Beim Lesen müssen wir öfters schmunzeln.

Was war es denn, das Jona so maßlos an Gott ärgerte, das ihm das Leben verleidete? In unserer Lehrerzählung wird Jona von Gott aufgefordert, gegen die Stadt Ninive zu predigen. Jona tritt den Weg dorthin aber nicht an. Er begibt sich sogleich auf die Flucht vor Gott. Auf der Fahrt nach dem äußersten Westen - der gerade entgegengesetzten Richtung zu Ninive - überfällt ein furchtbarer Sturm das Schiff. Die Schiffsleute versuchen nun mit allen Mitteln, der Not zu begegnen. Jona liegt unten im Schiff und schläft. Er hätte sich gerne der ganzen Situation entzogen. Aber bald stellt sich heraus, welche Bewandtnis es mit ihm hat. Die Matrosen werfen ihn schließlich auf seinen eigenen Wunsch hin ins Meer, denn er will lieber sterben, als auf Gottes Pläne eingehen. Ein großer Fisch verschlingt Jona und wirft ihn wieder ans Land.

Aber jetzt ergeht Gottes Befehl an ihn zum zweiten Mal. Er muss nach Ninive gehen. Diesmal kann er nicht ausweichen. Jona akzeptiert nun Gottes Auftrag und predigt den nahen Untergang von Ninive. Nachdem er sich seiner Unheilsbotschaft entledigt hat, lässt er sich außerhalb der Stadt nieder und beobachtet, was sich nun ereignen wird.

Wir können uns Jonas Gefühle recht gut vorstellen. Denen habe ich es nun gezeigt, denen habe ich die Hölle heißgemacht. Jetzt kann ich dann bald genüsslich zusehen, wie Gott die Stadt zerstören wird.

Wollte man Jona in dieser Situation bildlich darstellen, so müsste man wohl einen Jona malen, der sich schadenfroh die Hände reibt. Schließlich hat Gott das Gericht über Ninive angesagt, dann muss er es ja auch ausführen. Das entspricht Jonas Logik.

Aber Jona kommt nicht auf seine Rechnung. In der Stadt Ninive ist auf seine Botschaft hin eine Bußbewegung in Gang gekommen. Der König steht von seinem Thron auf, legt seinen Ornat ab, ein königlicher Erlass wird ausgefertigt und ein staatlich verordneter Buß- und Bettag wird verkündet. Alle Menschen sollen sich an der landesweiten Busse beteiligen. Sogar die Haustiere sollen sich an der Buße beteiligen. Man spürt hier den feinen Humor des Erzählers.

Jetzt erkennt Jona, dass Gott seine Meinung geändert hat. Gott hatte andere Gedanken mit Ninive. Er wollte Ninive nicht mehr zerstören. Er war bereit, Ninive zu vergeben.

Hier setzt nun unser eigentlicher Predigttext ein: "Das verdross Jona gar sehr, und er war zornig. Und so betete er zum Herrn und sprach: Ach Herr, das ist's eben, was ich mir sagte, als ich noch in meinem Lande war. Darum wollte ich auch das erste Mal nach Tharsis fliehen. Denn ich wusste ja, dass du ein gnädiger und barmherziger Gott bist, langmütig und reich an Huld, und dass dich des Übels gereut."

Jona ist verärgert, dass Gott nicht mit Feuer und Schwefel dreinfährt, dass er sich der Heiden in Ninive erbarmt. Jonas Zorn und Ärger ist so groß, dass er am liebsten sterben möchte. Er macht Gott Vorwürfe, weil Gott seine Liebe und Barmherzigkeit gegenüber allen Menschen - auch den Heiden in Ninive - zeigt. Das widerspricht doch dem herkömmlichen alttestamentlichen Gottesverständnis, wonach Gottes Liebe und Barmherzigkeit auf sein Volk, auf das Volk Israel beschränkt ist.

Gottes Liebe und Barmherzigkeit gilt allen Menschen. Das ist die Botschaft des Jonabuches und damit weist diese alttestamentliche Lehrerzählung bereits auf das Neue Testament hin. Im Neuen Testament zeigt Gott seine Liebe und Barmherzigkeit gegenüber allen Menschen, indem er Jesus Christus als Heiland und Helfer für *alle* Menschen auf die Erde schickt.

Eigentlich würden wir erwarten, dass Gott auf Jonas Vorwurf verärgert reagiert. Aber Gott erweist sich auch dem zornigen Jona gegenüber als gnädig und geduldig. Gott handelt wie ein pädagogisch geschickter Erzieher. Anstatt Jona zu verurteilen, stellt er ihm eine Frage und lässt Jona selbst die Antwort finden: "Ist es recht, dass du so zürnst?"

Unsere Erzählung geht weiter. Gott zeigt Jona, ob es recht ist, sich zu ärgern. In plastischen Bildern und nicht ohne eine Prise Humor wird uns das erläutert. Gott lässt einen Rizinusstrauch wachsen, der dem verärgerten und erzürnten Jona Schatten spenden soll. Jona nimmt dieses Zeichen göttlicher Liebe und Barmherzigkeit gerne an. Er freut sich an dem Rizinus. Plötzlich ist ihm das Leben nicht mehr verleidet. Er denkt nicht mehr ans Sterben. Er ärgert sich nicht mehr.

Aber Gott möchte Jona zeigen, was wirkliche Barmherzigkeit ist. Er lässt einen Wurm den Rizinus stechen und dieser verdorrt. Dazu lässt er noch den schwülen Ostwind blasen und die Sonne sticht auf Jonas Haupt. Und sehr schnell ist Jona das Leben wieder verleidet. Er hat seine Bequemlichkeiten nicht mehr. Er wünscht sich den Tod. Er möchte nicht mehr weiterleben. Er hat genug. Ihm reicht's jetzt.

Aber Gott stellt Jona wieder die gleiche Frage: "Ist es recht, dass du so zürnst?" Aber diesmal geht die Frage weiter: "Ist es recht, dass du so zürnst, um des Rizinus willen?" Ist es recht, dass du wegen einer so unscheinbaren Kleinigkeit verärgert bist?

Trotzig wie ein Pubertierender reagiert Jona in unserer Erzählung auf Gottes Frage: Ja, mit Recht zürne ich. Wo bleibt denn da die Gerechtigkeit? Hat es dann überhaupt noch Sinn, an Gott zu glauben, wenn er seine Meinung ändert, wenn er Barmherzigkeit zeigt, wo wir Vergeltung erwarten?

Gott überführt Jonas Vergeltungsdenken: Gott lässt sich nicht durch unsere menschliche Logik festlegen. Er lässt sich nicht in ein menschliches Schema pressen. Er zeigt sich als der Barmherzige, wo wir hartherzig sind. Er wendet sich gegen alles Abgestempeltsein und gegen alles Schablonendenken. Bei Gott gibt es immer ein Zurückkommen.

Für Jona war es schwer zu glauben, dass Gott den Heiden gegenüber barmherzig sein konnte. Aber das ist gerade die Botschaft, die auf das Kommen Jesu Christi hinweist. Was hier im Alten Testament ganz vorsichtig angedeutet ist, das kommt in Jesus Christus zur vollen Entfaltung. Gottes Barmherzigkeit ist in Jesus Christus Mensch geworden. Und dieser Jesus ist nicht für einen beschränkten Kreis von Menschen gekommen, sondern für *alle* Menschen. Er ist das Heil der ganzen Welt. Er will uns als Menschen heil machen, will uns unsere Hartherzigkeit nehmen, will uns vom kleinen Rizinusstrauch zur großen Stadt Ninive hinlenken. Gottes Liebe und Barmherzigkeit können wir in Jesus Christus jeden Tag aufs Neue erfahren. Und das heißt: Christus kommt in die Welt, um uns heil zu machen.

„Image ist alles."[29]

„Image ist alles". So habe ich es vorgestern auf einem Plakat gelesen. „Image ist alles". Das sagt eine bekannte Mobiltelefon-Firma aus dem Fernen Osten. Neben dem vielsagenden Text ist natürlich auf dem Plakat ein Handy abgebildet, und wenn man dieses Mobiltelefon genauer anschaut, dann weiß man auch gleich, was mit diesem „Image ist alles" gemeint ist.

Dass man mit einem Mobiltelefon mobil ist und fast überall telefonieren kann, das weiß heute ja schon fast jedes mobile Kind. Und wer heute noch kein Mobiltelefon hat, könnte fast als „Immobilie" bezeichnet werden und auch die Immobilien sind ja in ihrem Wert nicht mehr das, was sie einmal waren.

Mit einem Mobiltelefon kann man also mobil telefonieren. Und wenn man seine Stimme schonen will oder nichts zu sagen hat, aber trotzdem mit jemand kommunizieren möchte, kann man ja eine Kurzbotschaft auf dem Handy schreiben, das sogenannte SMS (Short Message Service) benutzen.

Aber das ist doch langweilig mit dem Handy nur zu reden oder zu schreiben. „Image ist (doch) alles". Und deshalb haben die fündigen Erfinder die neusten Handys noch mit einem kleinen Bildschirm ausgestattet, damit man dann mit dem Mobiltelefon auch noch ein mobiles Bild verschicken kann; ein sogenanntes MMS (Multimedia Messaging Service).

Image ist englisch und heißt ganz schlicht und einfach „Bild". Es ist jedem sofort klar, dass man diese Werbebotschaft für das mobil bildliche

[29] 5. April 2004.

Mobiltelefon niemals hätte auf Deutsch sagen können. Da hätte man nämlich zumindest die Mehrzahl benützen müssen: „Bilder sind alles". „Bild ist alles" wäre nämlich grammatikalisch falsch gewesen. Wahrscheinlich haben die Werber noch eine Stunde weniger Deutsch auf der Primarschule gehabt als die zukünftigen Erstklässler und mussten Englisch noch an der Migros Klubschule lernen und nicht ab der zweiten Primarklasse. Deshalb flüchten sie sich wenigstens ins trendige Neudeutsch „Image ist alles".

Wenn Sie anschließend an die Zimmertüren unserer Bewohnerinnen und Bewohner klopfen, um ihnen ein flippiges Mobiltelefon mit Farbbildschirm zu überreichen ... o „äxgüsi" (Entschuldigung), Sie überreichen ja kein Handy, sondern ein farbiges Primeli. Wenn ich ein gewiefter Werbefachmann wäre, dann würde ich nicht althochdeutsch sagen. Jetzt ist Blumenzeit sondern: Now it's flower hour.

Sie stehen also in Kürze seelenruhig und ohne jeglichen Anflug von Nervosität oder Eile vor der Zimmertüre, während Sie hier noch genüsslich an Ihrem Gipfeli kauen. Und wenn Sie dann entspannt da stehen, machen Sie sich doch darüber Gedanken, welchen „Images", welchen Bildern von Menschen Sie im Zimmer begegnen werden.

Das Wort „Image" (Bild) hat nämlich 3000 Jahre früher als das Handy mit Farbbildschirm schon eine ganz zentrale Bedeutung gehabt. In der biblischen Schöpfungsgeschichte heißt es nämlich: „Und Gott schuf den Menschen nach seinem Bilde, nach dem Bilde Gottes schuf er ihn." (Genesis / 1. Mose 1,27). Der Mensch ist also ein Ebenbild Gottes. Auf Lateinisch heißt das „imago dei". Das ist etwas ganz anderes als das billige „Image ist alles", obwohl die Handys mit Farbbildschirm alles andere als billig sind.

Sie werden also auf den Zimmern Ebenbildern Gottes begegnen. Seien Sie sich dessen bewusst. Auch der kranke, ausgezehrte und verwirrte Mensch ist ein Ebenbild Gottes. Und weil Sie alle auch ein Ebenbild Gottes sind, deshalb kommt es eigentlich zu einer mobilen Kommunikation mit Bild, einem MMS.

Letzten Dezember, wo die Jahresabschlüsse der UBS, der CS, der ZKB, der Swisscom und der Migros noch nicht bekannt waren, durften Sie aus Spargründen bei Ihrem Besuch nur eine Kurzbotschaft überbringen oder wie es auf Neudeutsch heißt ein SMS. Heute sind wir wieder voll im Trend. Sie bringen sich als Ebenbild Gottes real zu den Menschen und nicht nur virtuell auf einem winzigen Bildschirm. Und weil die heutigen Handys ja keine Schwarz-Weiß-Bildschirme mehr haben, sondern Farbbildschirme, dürfen Sie mit einem gewachsenen farbigen Blumengruß mit anderen Ebenbildern Gottes in Kontakt treten. Es ist doch schön, dass dies noch real stattfindet und nicht nur virtuell, denn „Image ist (nicht) alles."

„Mein Gott, mein Gott, warum hast du mich verlassen?“[30]

Psalm 22

„2 Mein Gott, mein Gott, warum hast du mich verlassen, bist fern meiner Rettung, den Worten meiner Klage?
3 Mein Gott, ich rufe bei Tag, doch du antwortest nicht, bei Nacht, doch ich finde keine Ruhe.
4 Du aber, Heiliger, thronst auf den Lobgesängen Israels.
5 Auf dich vertrauten unsere Vorfahren, sie vertrauten, und du hast sie befreit.
6 Zu dir schrien sie, und sie wurden gerettet, auf dich vertrauten sie, und sie wurden nicht zuschanden.
7 Ich aber bin ein Wurm und kein Mensch, der Leute Spott und verachtet vom Volk.
8 Alle, die mich sehen, verspotten mich, verziehen den Mund und schütteln den Kopf:
9 Wälze es auf den HERRN. Der rette ihn, er befreie ihn, er hat ja Gefallen an ihm.
10 Du bist es, der mich aus dem Mutterschoß zog, der mich sicher barg an der Brust meiner Mutter.
11 Auf dich bin ich geworfen vom Mutterleib an, von meiner Mutter Schoss an bist du mein Gott.
12 Sei nicht fern von mir, denn die Not ist nahe; keiner ist da, der hilft.
13 Zahlreiche Stiere sind um mich, Baschanbüffel umringen mich.
14 Sie sperren ihr Maul auf gegen mich, ein reißender, brüllender Löwe.
15 Wie Wasser bin ich hingeschüttet, und es fallen auseinander meine

[30] 2. März 2008 (Tag der Kranken).

Gebeine. Wie Wachs ist mein Herz, zerflossen in meiner Brust.
16 Trocken wie eine Scherbe ist meine Kehle, und meine Zunge klebt
mir am Gaumen, in den Staub des Todes legst du mich.
17 Um mich sind Hunde, eine Rotte von Übeltätern umzingelt mich, sie
binden mir Hände und Füße.
18 Zählen kann ich alle meine Knochen. Sie aber schauen zu, weiden
sich an mir.
19 Sie teilen meine Kleider unter sich und werfen das Los um mein Ge-
wand.
20 Du aber, HERR, sei nicht fern, meine Stärke, eile mir zu Hilfe.
21 Errette vor dem Schwert mein Leben, aus der Gewalt der Hunde mei-
ne verlassene Seele.
22 Hilf mir vor dem Rachen des Löwen, vor den Hörnern der Wildstiere.
Du hast mich erhört.
23 Ich will deinen Namen meinen Brüdern verkünden, in der Versamm-
lung will ich dich loben.
24 Die ihr den HERRN fürchtet, lobt ihn, alle Nachkommen Jakobs, ehret
ihn, erschauert vor ihm, alle Nachkommen Israels.
25 Denn er hat nicht verachtet noch verabscheut des Elenden Elend, hat
sein Angesicht nicht vor ihm verborgen, und da er schrie, erhörte er ihn.
26 Von dir geht aus mein Lobgesang in großer Versammlung, meine Ge-
lübde erfülle ich vor denen, die ihn fürchten.
27 Die Elenden essen und werden satt, es loben den HERRN, die ihn
suchen. Aufleben soll euer Herz für immer.
28 Alle Enden der Erde werden dessen gedenken und umkehren zum
HERRN, und vor ihm werden sich niederwerfen alle Sippen der Natio-
nen.
29 Denn des HERRN ist das Reich, und er herrscht über die Nationen.
30 Vor ihm werfen sich nieder alle Mächtigen der Erde, vor ihm beugen

sich alle, die in den Staub sinken.
31 Erzählen wird man vom Herrn der Generation, 32 die noch kommt,
und verkünden seine Gerechtigkeit dem Volk, das noch geboren wird. Er
hat es vollbracht.“ (Neue) Zürcher Bibel.

„Mein Gott, mein Gott, warum hast du mich verlassen?“ Dieser Aufschrei des Beters des 22. Psalms drückt in Worten aus, was wir Menschen in der Situation von Kranksein und Leiden empfinden. Wir fühlen uns von Gott verlassen.

Heute ist der Tag der Kranken. Dieser Tag soll uns allen wieder neu ins Bewusstsein bringen, dass wir kranke Menschen nicht vergessen dürfen. Niemand ist vor Krankheit gefeit. Umso wichtiger ist es deshalb, dass wir über Kranksein und Leiden nachdenken.

Wohl kein Bibeltext passt besser zum heutigen Tag als der anfangs gelesene Psalm 22. Jesus hat einen Teil davon in der Situation tiefster Gottverlassenheit am Kreuz gebetet.

In der Situation der Krankheit stellen wir uns unwillkürlich die Frage: Warum muss mir das denn passieren? Was habe *ich* denn getan? Warum bin ich es, der von Krankheit gezeichnet ist?

Krankheit und Leiden gehören mit zur menschlichen Existenz und es gibt wohl kaum jemand, der nicht in der Situation der Krankheit tiefe Gottverlassenheit erlebt hätte. Wir können den Zustand des Beters dieses Psalms mitempfinden und es ist oft auch unsere Situation. Warum hast du mich verlassen? Warum bin ich krank? Warum? Warum?

Diese Warum-Frage haben sich bestimmt viele von uns schon oft gestellt. Wir möchten unsere Situation verstehen, wir möchten alles erklären können. Aber nicht nur der Drang nach Verstehen können steht hinter der Warum-Frage, sondern oft auch versteckt eine Anklage gegen Gott. Warum musste das gerade mir passieren? Warum nicht einem anderen?

Der Beter des 22. Psalms zeigt uns auf einzigartige Weise, wie wir das Kranksein bewältigen können: *Auch in Krankheit dürfen wir nicht aufhören, Gott zu loben, auch wenn es auf die Warum-Frage keine Antwort gibt.*

Unser Psalm ist besonders durch einen Satz sehr bekannt geworden: „Mein Gott, mein Gott, warum hast du mich verlassen?" Diesen Satz hat nach dem Zeugnis der Evangelisten Jesus am Kreuz in einer Situation tiefster Gottverlassenheit gebetet.

Aber es wäre schade, wollten wir nur diesen einen Kernsatz herauspicken und nicht den Psalm in seiner Gesamtheit betrachten. Dieser Psalm gibt uns Hilfestellung, Krankheit und Leiden zu bewältigen.

Der Psalm gliedert sich deutlich in zwei Teile. Diese Zweiteilung hat dazu geführt, dass man in der älteren Psalmenauslegung meinte, hier handle es sich eigentlich um zwei Psalmen, einen Klagepsalm und einen Lobpsalm. Aber mit dieser Auslegung hat man den Sinn dieses einzigartigen Psalms völlig missverstanden. Für den alttestamentlichen Beter gehören Klage und Lob untrennbar zusammen.

Erst die neuere Psalmenauslegung[31] hat die Einheit dieses Psalms aufgewiesen. Die Gelenkstelle des Psalms liegt zwischen V. 22 und V. 23. Dort steht im Hebräischen nur ein Wort, das ins Deutsche übersetzt

---

[31] Ich beziehe mich hier auf den bahnbrechenden Aufsatz des Alttestamentlers und früheren Rektors der Universität Zürich, Hans Heinrich Schmid, „Mein Gott, mein Gott, warum hast du mich verlassen?" Psalm 22 als Beispiel alttestamentlicher Rede von Krankheit und Tod, in: Hans Heinrich Schmid (Hg.), Wort und Dienst. Jahrbuch der Kirchlichen Hochschule Bethel, Neue Folge 11. Band 1971, Bethel bei Bielefeld 1972, S. 119-140.

heißt: Du hast mich erhört. Dieses „du hast mich erhört" wurde lange Zeit von den Bibelübersetzern übersehen und auch die sonst so ausgezeichnete Übersetzung der Zürcher Bibel aus dem Jahr 1931 hat dieses Wort einfach übergangen.

Von den älteren Bibelübersetzungen hat eigentlich nur Schlachter dieses „du hast mich erhört" in seiner Bibelübersetzung berücksichtigt. Doch er zieht dieses „du hast mich erhört" zum vorhergehenden Vers und dann gibt es keinen richtigen Sinn mehr. Es heißt dann: „Errette mich aus dem Rachen des Löwen! – Ja, von den Hörnern der Büffel hast du mich erhört."

Erst die 1977 entstandene Bibelübersetzung „Die Gute Nachricht" hat dieses „du hast mich erhört" als eigene Aussage übersetzt und natürlich die im letzten Jahr (2007) erschienene (Neue) Zürcher Bibel hat es ebenfalls aufgenommen.

Dieses „du hast mich erhört" macht deutlich, warum der Psalm in zwei Teile zerfällt und warum diese beiden Teile untrennbar zusammengehören. Klage und Lob gehören zusammen.

Die meisten Psalmen des Alten Testaments sind gottesdienstliche Gebetstexte, die dem Beter helfen sollen, sein Anliegen vor Gott zu bringen. Dieses Gebet spricht der Beter in der gottesdienstlichen Gemeinde. Wenn der Beter nun dieses Gebet gesprochen hat, dann spricht ihm der Priester das Heil Gottes und damit Erhörung zu. Von diesem Zuspruch des Heils und der Erhörung ist in unserem Psalm nur noch das „du hast mich erhört" erhalten. Und nachdem der Beter vom Priester Erhörung zugesprochen bekommen hat, kann er Gott loben.

So enthält der Psalm anfangs die Klage und Bitte des Beters. Dann folgt der Zuspruch der Erhörung, und danach das Lob über die Erhörung.

Die Warum-Frage wird im Psalm nicht beantwortet. Der Beter darf schreien: „Warum hast du mich verlassen?“ Aber er bekommt keine Antwort auf seine Frage.

Das Besondere dieses Psalms ist, dass Klage und Lob abwechseln. Nach der Klage „Mein Gott, mein Gott, warum hast du mich verlasen?“ stimmt der Beter sogleich das Lob an.

Auch der verzweifeltste Beter jammert nicht nur, sondern formuliert zugleich ein Bekenntnis der Zuversicht, ja lobt Gott. Klage und Lob gehören untrennbar zusammen.

Wir können von diesem Beter viel lernen. Sein Gebet beginnt nicht mit der Bitte um Heilung, sondern mit der Bitte um die Nähe Gottes „Sei nicht fern von mir, denn Not ist nahe, und keiner ist da, der hilft.“ Im Stillen hofft der Beter wohl, dass Gott ihm hilft. Aber dies wird nur ganz nebenbei angedeutet. Der Beter möchte letztlich offen lassen, „wie sich Jahwes (Gottes) Nahesein konkret äußern werde. Er macht Gott keine Vorschriften, er lässt Gott Gott sein, wenn er nur der nahe Gott ist.“[32]

Damit zeigt sich in diesem Psalm ein neues Verständnis von Krankheit und Leiden. Der Beter schreibt Gott nicht vor, dass er ihn heilen müsse. Nein, er bittet Gott, ihm nahe zu sein, damit er seine Situation verstehen und seine Krankheit und sein Leiden bewältigen und ertragen kann.

Wieder setzt die Bitte um die Nähe Gottes ein. Und dann spricht der Priester dem Kranken im Gottesdienst die Erhörung zu. Der Beter kann freudig ausrufen: „Du hast mich erhört.“ Dann stimmt der Beter einen Lobpsalm an, der seinesgleichen kennt: „Erzählen will ich deinen Namen

---

[32] Ebd., S. 131.

meinen Brüdern, in deiner Versammlung will ich dich preisen." Anschließend stimmt die Gemeinde in dieses Lob mit ein. Der Kranke wurde erhört.

Was die Erhörung konkret bedeutet, das sagt unser Psalm nicht. Gott ist dem Beter jetzt wieder nahe, er fühlt sich nicht mehr von Gott verlassen. Ob er geheilt worden ist oder nicht, dazu gibt der Psalm „nicht einmal Andeutungen."[33] Ja es wird eher so sein, dass der Kranke nicht geheilt worden ist, dass er aber von Gott erhört worden ist, dass er wieder neu seine Krankheit akzeptieren kann. Denn nach der Erhörung stimmt der Beter ja kein *Dank*lied an, sondern ein *Lob*lied.[34] Er dankt nicht für etwaige Hilfe Gottes, nein, er lobt Gott in seiner ganzen Größe. Auch in Krankheit dürfen wir nicht aufhören, Gott zu loben, auch wenn es auf die Warum-Frage keine Antwort gibt.

---

[33] Ebd., S. 134.
[34] Ebd., S. 125.

„Maurer sehen, was sie geleistet haben."[35]

Am Bahnhofsplatz hängt an einer Baustelle ein Plakat, das Werbung für den Maurerberuf macht. Da kann man lesen: *„Maurer sehen, was sie geleistet haben."* Ja das stimmt tatsächlich, Maurer sehen, was sie geleistet haben. Da wird Backstein auf Backstein gesetzt mit Mörtel dazwischen und in null Komma Nix ist die Mauer hochgezogen.

Ich bin fasziniert, wenn ich auf einer Baustelle sehe, wie schnell Mauern hochgezogen werden. Selbstverständlich ist da etliche Vorarbeit nötig. Die Ziegelsteine müssen vorher angeliefert worden sein, der Kranführer muss die Backsteine an den richtigen Ort transportiert haben, damit die Maurer nicht jeden Ziegelstein einzeln von weither holen müssen, Sand, Zement und Wasser müssen vorhanden sein, damit frischer Mörtel daraus gemacht werden kann. Aber wenn das alles vorbereitet ist, dann geht der eigentliche Vorgang des Mauerns eigentlich schnell. Und am Ende eines Arbeitstages sehen die Maurer dann, was sie geleistet haben. Aber auch am nächsten Tag, der nächsten Woche, dem nächsten Monat, dem nächsten Jahr und weiteren Jahren kann der Maurer stolz sein Werk betrachten. Der Erfolg seiner Arbeit ist sichtbar.

Wenn man Menschen in einem Pflegeheim besucht, dann ist das anders. Da sieht man nicht unmittelbar, was man geleistet hat. Und selbst wenn sich die Bewohnerin echt über den Besuch im Augenblick freut, so kann es durchaus sein, dass sie einige Stunden später nicht mehr weiß, dass sie Besuch gehabt hat. Beim Besuchsdienst sieht man also nicht unmittelbar, was man geleistet hat. Das ist auch frustrierend. Man möchte doch einen kleinen Erfolg seiner Arbeit sehen, zumal man diese Arbeit ja freiwillig und nicht als Teil seiner bezahlten Berufsarbeit macht.

---

[35] 25. März 2002.

Wenn Sie jetzt Besuche machen, dann können sie davon ausgehen, dass sich die Bewohnerinnen und Bewohner darüber freuen. Mit ihrem Besuch ziehen Sie in kurzer Zeit - fast so schnell wie die Maurer - eine tragfähige Mauer hoch, auf welche die Decke und damit der Boden für das nächste Stockwerk gegossen werden kann. Aber es ist eine tragfähige Mauer des Augenblicks, die äusserlich nicht den gleichen Bestand hat wie die von den Maurern gemauerten Backsteinmauern. Und doch sind diese tragfähigen Mauern des Augenblicks für unsere Leute so wichtig.

Eines haben Sie als Freiwillige mir als festangestelltem Seelsorger voraus. Wenn ich Besuche mache, dann kann ich nachher äusserlich sichtbar so gut wie nichts vorweisen. Ich sehe nicht, was ich geleistet habe.

Wenn ich aber nach Ihrem Besuch in die Zimmer komme, dann sehe ich, was Sie geleistet haben. Dafür hat nämlich Heidi Dick gesorgt. Sie hat zwar keine Ziegelsteine, Sand, Wasser und Zement auf die Baustelle Adlergarten anliefern lassen. Aber sie hat blühende Pflänzchen anliefern lassen, die Sie jetzt als tragfähige Mauern des Augenblicks verteilen dürfen. Ihr Besuch wird von vielen unserer Bewohnerinnen und Bewohner morgen bereits wieder vergessen sein, aber das Pflänzchen mit der Grusskarte bleibt. Insofern sehen nicht nur Maurer, sondern auch freiwillige Helferinnen, was sie geleistet haben.

„Zum Klatsch bin ich für sie geworden.“[36]

Hiob (Ijob) 30,9

«29,2 Dass ich doch wäre / wie in längst vergangenen Monden, / wie in den Tagen, da mich Gott beschirmte,
als seine Leuchte über meinem Haupt erstrahlte, / in seinem Licht ich durch das Dunkel ging.
So wie ich in den Tagen meiner Frühzeit war, / als Gottes Freundschaft über meinem Zelte stand,
als der Allmächtige noch mit mir war, / meine Kinder mich umgaben,
als meine Schritte sich in Milch gebadet, / Bäche von Öl der Fels mir ergoss. ...
30,1 Jetzt aber lachen über mich, / die jünger sind als ich an Tagen, / deren Väter ich nicht für wert geachtet, / sie bei den Hunden meiner Herde anzustellen. ...
Blödes Gesindel, Volk ohne Namen, / wurden sie aus dem Land hinausgepeitscht.
Jetzt aber bin ich ihr Spottlied, / bin zum Klatsch für sie geworden.
Sie verabscheuen mich, rücken weit von mir weg, / scheuen sich nicht, mir ins Gesicht zu speien. ...
Und nun zerfließt die Seele in mir, / des Elends Tage packen mich an.
Des Nachts durchbohrt es mir die Knochen, / mein nagender Schmerz kommt nicht zur Ruh. ...
Ich schreie zu dir, und du erwiderst mir nicht; / ich stehe da, doch du achtest nicht auf mich.
Du wandelst dich zum grausamen Feind gegen mich, / mit deiner starken Hand befehdest du mich. ...

---

[36] 6. September 2009.

Ja, ich hoffte auf Gutes, doch Böses kam, / ich harrte auf Licht, doch Finsternis kam.
Mein Inneres kocht und kommt nicht zur Ruhe, / mich haben die Tage des Elends erreicht. ...
Die Haut an mir ist schwarz, / von Fieberglut brennen meine Knochen.»
(Ijob (Hiob) 29 + 30; Einheitsübersetzung)

Wenn man den Schlagzeilen einiger Zeitungen Glauben schenken wollte, dann sind wir Menschen nur an Klatsch interessiert. Und wenn es hier bei uns nicht genügend Süffisantes zu berichten gibt, dann stürzt man sich etwa aufs englische Königshaus.

Klatsch kommt anscheinend einer tiefen menschlichen Regung entgegen, und wer ertappt sich nicht selbst dabei, dass er solchen Quatsch von Klatsch auch noch liest und manchmal sogar noch glaubt.

Negatives über andere hören wir anscheinend viel lieber als Positives. Wenn etwas Positives über einen Menschen erzählt wird, wenn einer bei einer Sache ganz groß raus kommt, dann reagieren wir eher mit Missgunst und Neid.

Wahrscheinlich ist er zu dem Erfolg nur durch Beziehungen, durch "Vitamin B" gekommen, munkeln wir insgeheim. Da ist sicher nicht alles mit rechten Dingen zugegangen.

Ähnliche Erfahrungen muss auch Hiob gemacht haben, wenn er verzweifelt ausruft. *"Jetzt aber bin ich ihr Spottlied, / bin zum Klatsch für sie geworden."* Als Hiob "untadelig und rechtschaffen" war, wie er am Anfang des Buches geschildert wird, war er kein Stoff für die Klatschkolumnisten.

Höchstens waren seine Mitmenschen insgeheim neidisch auf ihn, denn wie es in der Bibel heißt: *"An Ansehen übertraf dieser Mann alle Bewohner des Ostens."*

Jetzt aber als Hiob "mit bösartigem Geschwür von der Fußsohle bis zum Scheitel" geschlagen ist und er seinen ganzen Reichtum verloren hat, jetzt wird er für die Klatschspalten interessant.

Unser heutiger Predigttext ist Teil der Schlussrede Hiobs, die mit Kapitel 29 beginnt und mit Kapitel 31 endet. Es handelt sich bei dieser Rede um einen Neubeginn. Während Hiob sich bisher mit den Auffassungen seiner drei Freunde auseinandergesetzt hat, geht es ihm jetzt darum, seine eigene Position herauszuarbeiten, auf die dann Gott Antwort geben soll. Er will nun von Gott eine Antwort fordern.

In Kapitel 29 blickt Hiob auf seine glückliche Vergangenheit zurück. Es ist kein nostalgisches sich Zurücksehnen nach der "guten alten Zeit", um die Gegenwart zu verdrängen. Er stellt die Vergangenheit dar, um daran die Größe seines jetzigen Leides aufzuzeigen und neu mit Gott in Gemeinschaft zu treten.

Den ersten Abschnitt der Rede könnte man betiteln: "Von Gott gesegnet." Hiob möchte das Glück der Frühzeit wieder erleben. *"Dass ich doch wäre / wie in längst vergangenen Monden, / wie in den Tagen, da mich Gott beschirmte."* Hiob weiß, dass er sein damaliges Glück Gott verdankt. Er hat ihm zu Kindersegen verholfen, mit seiner Hilfe hat er es zu Ansehen und Reichtum gebracht. Gott hat er ganz unmittelbar damals erfahren. *"Gottes Freundschaft stand über seinem Zelt."*

Im zweiten Abschnitt schildert der vom Leid Heimgesuchte, wie er damals von den Menschen geehrt wurde. Wenn Hiob kam, dann traten die Jungen vor Ehrfurcht scheu beiseite. Aber nicht nur Junge und Alte erwiesen ihm die Referenz. *"Fürsten hielten mit Reden sich zurück / und legten ihre Hand auf ihren Mund."*

Der dritte Abschnitt schildert Hiobs Gerechtigkeit. Er hatte doch den Armen gerettet und kam der Waise und auch der Witwe zu Hilfe. Wie ein Gewand legte er die Gerechtigkeit an. *"Ich bekleidete mich mit Gerechtigkeit, / wie Mantel und Kopfbund umhüllte mich mein Recht"*, so formuliert es Hiob selbst. In plastischen Bildern schildert er seinen Einsatz für andere Menschen. *"Auge war ich für den Blinden, / dem Lahmen wurde ich zum Fuß."*

Im vierten Abschnitt legt Hiob dar, dass er auf seine Gerechtigkeit auch seine Lebenshoffnung gegründet hatte. Er hoffte auf ein langes Leben und dass er nicht vorzeitig, sondern alt und lebenssatt sterben könne.

Im letzten Abschnitt dieses Kapitels macht Hiob nochmals deutlich, wie einflussreich und angesehen er bei den Menschen früher war. *"Auf mich horchten und warteten sie, / lauschten schweigend meinem Rat."* Durch seine besonderen Fähigkeiten hatte Hiob auch eine außerordentliche Stellung bei seinen Mitmenschen. *"Ich bestimmte ihr Tun, ich saß als Haupt, / thronte wie ein König inmitten der Schar, / wie einer, der Trauernde tröstet."*

Der Kontrast zum nachfolgenden Kapitel 30 könnte nicht krasser sein. Der Sprung von der Vergangenheit in die Gegenwart ist wie eine eiskalte Dusche. Kein angesehener Hiob mehr, bei dem die Jungen scheu beiseitetreten. Nein. Jetzt ist er "zum Klatsch für sie geworden".

"Jetzt aber lachen über mich, / die jünger sind als ich an Tagen, / deren Väter ich nicht für wert geachtet, / sie bei den Hunden meiner Herde anzustellen." Jetzt lachen die Angehörigen der niedersten sozialen Schich-

ten denselben Hiob aus, der früher hoch geachtet war. Es sind nicht die Alten, sondern die Jungen.

Die Freunde Hiobs haben sich bei ihrer Argumentation genauso verhalten wie diese Taugenichtse. Letztlich werden die Freunde indirekt von Hiob auf die gleiche Stufe gestellt.

Gerade solche sind die Spötter, die damals in Erdhöhlen und Felsgeklüft wohnen mussten, die sich von Ginsterwurzeln ernährten. Hiob scheut nicht davor zurück, sie als "blödes Gesindel, Volk ohne Namen" zu titulieren. Bei ihnen taucht Hiob nun in der Klatschspalte auf. *"Jetzt aber bin ich ihr Spottlied, / bin zum Klatsch für sie geworden. / Sie verabscheuen mich, rücken weit von mir weg, / scheuen sich nicht, mir ins Gesicht zu speien."*

Dass es soweit kommen konnte, dafür ist nach Meinung Hiobs Gott verantwortlich. Er drückt es mit dem Bild eines Seiles aus, das dazu benützt wird, um Vieh zu führen. *"Denn Gott löste mein Seil und beugte mich nieder, / sie aber ließen die Zügel vor mir schießen."*

Wie viel leichter ist es über jemand zu spotten, jemanden auszulachen, besonders dann, wenn er sich in einer misslichen Lage befindet.

Es hat wahrscheinlich mit unserer menschlichen Neigung zu tun, uns am Klatsch, am Misserfolg der anderen viel mehr zu erfreuen als an deren Erfolg. Wer hat diese Erfahrung des Hiob im Leben nicht auch schon gemacht? Und niemand hat die Courage solches Tun abzustellen. Das hat Hiob erfahren, wenn er schreibt: *"Meinen Pfad reißen sie auf, helfen zu meinem Verderben, / und niemand wehrt ihnen."*

Die Klatschkolumnisten der hiesigen Zeitungen - es sind erstaunlicherweise vor allem Frauen! - beschränken sich meist auf die delikaten "Storys" von Menschen des öffentlichen Lebens. Wie viele selbst ernannte Klatschkolumnisten und -kolumnistinnen gibt es in Kirchgemeinden, die munter ihr schändliches Werk treiben "und niemand wehrt ihnen"?

Hiob kommt sich vor, wie wenn er von feindlichen Scharen angegriffen würde. *"Wie durch eine Bresche kommen sie heran."* Er hat seine Würde und sein Heil verloren. *"Wie eine Wolke entschwand mein Heil"*, sagt er. Hiob wird vom Elend geplagt. Das Elend besteht in seiner Krankheit.

Das Schlimmste daran ist aber, dass Gott ihm nicht antwortet. *"Ich schreie zu dir, und du erwiderst mir nicht; / ich stehe da, doch du achtest nicht auf mich."* Ja, Hiob scheut letztlich nicht davor zurück, Gott als "grausamen Feind" zu bezeichnen. *"Du wandelst dich zum grausamen Feind gegen mich, / mit deiner starken Hand befehdest du mich."* Gott wird ihn zum Tod führen, zur "Sammelstätte alles Lebendigen".

Hiob leidet ja unschuldig. Er hat anderen, die in Not waren, geholfen. Jetzt darf er doch mit Recht um Hilfe rufen und auf Rettung hoffen. Aber seine Hoffnung wird zuschanden. *"Ja, ich hoffte auf Gutes, doch Böses kam, / ich harrte auf Licht, doch Finsternis kam."* Er ist zuinnerst aufgewühlt. Was bleibt, ist nur noch die Klage. Er weist nochmals auf seine Krankheit hin. *"Die Haut an mir ist schwarz, / von Fieberglut brennen meine Knochen."*

Der Schluss der Rede Hiobs in Kapitel 31 ist eine erneute Unschuldsbeteuerung vor Gott. Hiob ist sich keiner Schuld bewusst. Dies hat er auch gegenüber seinen drei Freunden bezeugt. Jetzt zählt er einen ganzen "Lasterkatalog" auf und bezeugt, dass er ethisch vorbildlich gehandelt hat und dass man ihm kein solches Vergehen anlasten kann.

Hiob hat seine Unbescholtenheit aufgezeigt. Er hätte doch Anrecht auf

Lebensglück und müsste wegen seiner Unschuld vom Leiden verschont bleiben.

Am Ende von Kapitel 31 fordert Hiob Gott zu einer Antwort heraus. *"Gäbe es doch einen, der mich hört. / Das ist mein Begehr, dass der Allmächtige mir Antwort gibt."* Hiob ist gewiss, dass Gott ihm recht geben wird. In den Schlusskapiteln des Hiobbuches erfahren wir dann, dass Gott Hiob recht gibt. Damit bestätigt Gott, dass es unschuldiges Leiden gibt. Es gibt Situationen, wo Menschen Leid zustößt, für das es keine menschliche Erklärung gibt. Dies hebt das Leid nicht auf, hilft uns aber, besser damit fertig zu werden.

Reißnägel anstatt Reisiggesteck.[37]

Das hat mich beeindruckt. Eine Bewohnerin erzählte mir von ihrer Armut in ihrer Kindheit und Jugend. Das war damals gar nicht selten. Und doch wusste sich diese Frau zu helfen.

Geld für Geschenke hatte sie keines. Diese Möglichkeit blieb ihr von vornherein versagt, wenn sie anderen Menschen eine Freude machen wollte. Aber da entdeckte sie eine Fähigkeit, die sie hatte und die nichts kostete.

Sie konnte Verse dichten und so bereitete sie anderen Menschen mit ihren selbst gemachten Gedichten eine große Freude. Das waren ja spontane Gedichte und nicht solche von berühmten Dichtern, die man - welch ein Graus - in der Schule auswendig lernen musste. Aber diese Verse, diese kleinen Gedichte kamen von Herzen, waren nur für diese Person, welcher man eine Freude machen wollte, gedichtet.

Irgendwie hat mich das berührt. Obwohl diese Bewohnerin früher kein Geld für Geschenke hatte, hat sie den anderen jeweils ein ganz persönliches Geschenk gemacht. Es war ein Geschenk, das man nicht bei Migros oder COOP kaufen konnte, oder bei der Gärtnerei Kaufmann binden lassen konnte. Sie hat mit ihren Gedichten etwas von sich weitergegeben.

Ich muss mich heute nicht so kurz fassen wie sonst. Heute können Sie Ihren Kaffee in Ruhe trinken und Ihr Gipfeli in Ruhe essen. Sie müssen ja nicht Angst haben, dass die völlig unbewachten Servierboys mit den Reisiggestecken entführt werden könnten, während sie hier genüsslich am Blätterteig kauen. Heute gibt es nämlich kein Reisig, sondern nur

[37] 8. Dezember 2003.

Reißnägel. Das hat einen ganz banalen Grund. Auch innerhalb der Kirche ist Sparen angesagt, weil die finanziellen Mittel auch nicht mehr so reichlich fließen. Und so wurde sinnvollerweise entschieden, diesmal auf die Reisiggestecke zu verzichten. Als man den Entschluss gefasst hat, hat man noch nicht gewusst, dass das Winterthurer Erb-Imperium, das jetzt zusammengekracht ist, noch 10 Millionen an Steuern schuldet. Diese wird man sich ans Bein streichen müssen. Hätte man das damals schon gewusst, hätte man wahrscheinlich auch noch auf die Reißnägel verzichtet. Aber zu den Reißnägeln später mehr.

Es gibt also aus Kostengründen keine Reisiggestecke mehr. Aber werden Sie sich fragen, müssen wir jetzt auch wie die vorhin erwähnte Bewohnerin für jeden Einzelnen im Adlergarten ein Gedicht dichten. Keine Sorge. Das wollen wir Ihnen ersparen. Ganz leer müssen Sie trotzdem nicht gehen. Sie erhalten für jeden Bewohner und jede Bewohnerin eine dekorativ gestaltete Advents- und Weihnachtskarte. Auf der Karte hat es sogar ein Gedicht. Sie müssen also nicht selbst dichten.

Ja und dann erhalten Sie ja noch Reißnägel anstatt des Reisiggestecks. Für was soll denn das gut sein?

Nehmen Sie sich doch Zeit, wenn Sie den Bewohnerinnen und Bewohnern den adventlichen Kartengruß der Herz Jesu Pfarrei und der Zwinglikirche überbringen. Einige herzliche Worte, ein einladendes Lächeln, ein warmer Händedruck können doch für unsere Bewohnerinnen und Bewohner mindestens so viel bedeuten wie das bisherige Adventsgesteck. *Sie* sind ja als Besucherin wichtig und nicht das stachlige Tannenreis.

Fragen Sie die Bewohnerin oder den Bewohner, wo er oder sie den Kartengruß gerne haben möchten; auf dem Nachttisch, wo der Platz eher begrenzt ist, oder vielleicht an der Pinnwand oberhalb des Bettes. Und jetzt haben Sie auch schon erraten, warum es diesmal Reißnägel gibt, auch wenn es kein Reisig mehr gibt. Mit den Reißnägeln können Sie die Adventskarte an die Wand heften. So erinnert sich die Bewohnerin oder der Bewohner immer wieder daran, dass Helferinnen da waren, die ihm oder ihr einen Advents- und Weihnachtsgruß von den beiden Kirchen gebracht haben.

Und wenn Sie das Ganze doch ein wenig „schmürzelig" (geizig) dünkt, dann machen Sie doch später wieder einmal einen kurzen Besuch bei „Ihren" Leuten im Adlergarten. Sie freuen sich über einen Besuch mit leeren Händen mindestens genauso wie, wenn Sie Reisig gebracht hätten. Einen Reißnagel brauchen Sie ja dann auch nicht.

„Warum bleiben die Frevler am Leben?“[38]

Hiob (Ijob) 21,7-21

„Warum bleiben die Frevler am Leben, / werden alt und stark an Kraft? Ihre Nachkommen stehen fest vor ihnen, / ihre Sprösslinge vor ihren Augen. Ihre Häuser sind in Frieden, ohne Schreck, / die Rute Gottes trifft sie nicht. Ihr Stier bespringt und fehlt nicht, / die Kühe kalben und verwerfen nicht. Wie Schafe treiben sie ihre Kinder aus, / ihre Kleinen tanzen und springen. Sie singen zu Pauke und Harfe, / erfreuen sich am Klang der Flöte, verbrauchen ihre Tage im Glück / und fahren voll Ruhe ins Totenreich. Und doch sagten sie zu Gott: Weiche von uns! / Deine Wege wollen wir nicht kennen. Was ist der Allmächtige, dass wir ihm dienen, / was nützt es uns, wenn wir ihn angehen? Doch in ihrer Hand liegt nicht das Glück; / der Frevler Denkart ist mir fern. Wie oft erlischt der Frevler Lampe, / kommt Unheil über sie, / teilt er Verderben zu in seinem Zorn? Wie oft werden sie wie Stroh vor dem Wind, / wie Spreu, die der Sturm entführt? Nicht dessen Kindern spare Gott sein Unheil auf, / ihm selbst vergelte er, so dass er es spürt. Mit eigenen Augen soll er sein Unglück schauen, / vom Grimm des Allmächtigen soll er trinken. Denn was kümmert ihn sein Haus, wenn er dahin ist, / wenn abgeschnitten seiner Monde Zahl?“ (Einheitsübersetzung)

Meine Mutter hat einmal ihrer Schwester eine Foto-Postkarte geschickt mit einem Bibelspruch darauf. Sie hat sich dabei nichts Böses gedacht. Dass die Karte bei ihrer Schwester völlig in den falschen Hals geraten war, merkte sie erst an deren Brief. Ihre Schwester war entsetzt über den Text des Bibelspruchs auf der Karte. Was habe sich der Postbote

---

[38] 22. März 2009.

wohl denken müssen, wenn er auf der Karte gelesen habe *"Irret euch nicht! Gott lässt sich nicht spotten. Denn was der Mensch sät, das wird er ernten* (Galater 6,7)."?

Dachte meine Tante, mit diesem Bibelspruch sollte ihr eins ausgewischt werden, sollte ihr auf versteckte Art gesagt werden, dass sie dafür büßen müsse, falls sie etwas Unrechtes getan habe?

Meine Mutter hatte dies keineswegs beabsichtigt. Und überhaupt: Stimmt das denn so, dass man im Leben das erntet, was man gesät hat? Das Hiobbuch stellt diesen Zusammenhang ja gerade infrage.

Viele Menschen ernten nie, was sie an Bösem gesät haben. Und andere Menschen ernten ein Leben lang Leid, das sie nicht verdient haben.

Es gehört zu den Zentralaussagen des Hiobbuches, dass es genau diesen Automatismus infrage stellt. Hiob schreit es heraus: "Warum bleiben Frevler am Leben, / werden alt und stark an Kraft? Ihre Nachkommen stehen fest vor ihnen, / ihre Sprösslinge vor ihren Augen. Ihre Häuser sind in Frieden, ohne Schreck, / die Rute Gottes trifft sie nicht." Das tönt völlig anders als das "was der Mensch sät, das wird er ernten."

Ich kann mich noch gut daran erinnern, als ein Anhänger der Hare Krishna-Bewegung einmal an unsere Pfarrhaus-Tür gekommen war und mir zwei Werbebroschüren über die Hare Krishna-Bewegung gegeben hat. Dort wird auch das Bibelwort vom Säen und Ernten zitiert, aber nicht im Sinne von Paulus.

Ein Kennzeichen vieler neureligiöser Bewegungen ist es ja, dass sie die Komplexität menschlicher Fragen und Probleme auf einen einfachen Nenner bringen wollen. Die Frage nach dem menschlichen Leiden, die im Hiobbuch auf eine ganz differenzierte und letztlich realistische und menschliche Art und Weise behandelt wird, wird in der Krishna-Bewegung auf einen meines Erachtens zu einfachen und letztlich unmenschlichen Nenner gebracht.

Man geht bei Hare Krishna vom Karma, von einem Kausalzusammenhang zwischen Schuld und Leiden aus. Wer behindert geboren sei, der habe in einem früheren Leben gesündigt und müsse jetzt dafür büßen. All dies sei nur da, damit wir lernen würden.

Ich halte diese Anschauung für absolut unbarmherzig. Soll man der Mutter, die ein behindertes Kind zur Welt gebracht hat, noch eine zusätzliche Bürde aufladen, indem man ihr vorhält, dies sei wohl die Strafe für irgendetwas in ihrem jetzigen oder in ihrem früheren Leben? Wenn man für eine Behinderung eine angeblich schlüssige Erklärung hat, dann muss man sich ja nach Ansicht dieser Hare Krishna-Anhänger um solche Menschen auch nicht mehr kümmern. Denn letztlich greift man nach dieser Vorstellung ja dann ins Karma ein.

Da lobe ich mir die christliche Botschaft, wo wir nur *ein* Leben zu leben haben und wo wir bei allem Schuldigwerden immer von der Vergebung leben können.

Ich habe mich kritisch über das anfangs zitierte Pauluswort geäußert, wonach man das erntet, was man sät. Und doch ist dieser Gedanke nicht völlig von der Hand zu weisen. Wir sind für die Folgen unseres Handelns verantwortlich. Niemand darf sich dieser Verantwortung entziehen. Insofern ernten wir, was wir säen. Auch bei bester Gesinnung sind wir für die Folgen unseres Handelns verantwortlich. So verstanden hat das Pauluswort durchaus seine Berechtigung. Im Zusammenhang des Galaterbriefs betrachtet, ist es letztlich nur eine Aufforderung, Gutes zu tun und nicht der Beweis für ein Vergeltungsgesetz. Zwei Verse später schreibt Paulus nämlich: "Lasst uns nicht müde werden, das Gute zu tun; denn wenn wir darin nicht nachlassen, werden wir ernten, sobald die Zeit dafür gekommen ist." (Galater 6,9).

Aber nicht alles, was uns im Leben an Schicksalsschlägen, an Leid, Not und Krankheit zustößt, ist unmittelbare Folge unseres Handelns. Wir können unser Lebensschicksal nur zu einem gewissen Teil selbst beeinflussen. Unser persönliches Lebensschicksal wird doch auch von anderen Faktoren bestimmt. Die jeweilige Zeitepoche, in die wir hineingeboren worden sind, bestimmt unser Leben. Weltpolitische Ereignisse wie Weltwirtschaftskrise, Kriege und Vertreibungen haben viele Lebensschicksale bestimmt. Die Familiensituation hat uns oftmals nachhaltiger geprägt, als wir meinen.

Im Hiobbuch diskutieren drei Freunde mit Hiob. Es sind dies Bildad von Schuach, Zofar von Naama und Elifas von Teman. Hiob wird von einem Schicksalsschlag nach dem anderen heimgesucht. Unser Predigttext bezieht sich auf die zweite Rede Zofars, die unserem Text unmittelbar vorangeht. Zofar geht davon aus, dass die Frevler kein Glück haben. In logischer Konsequenz daraus muss man nach Zofar folgern, dass Hiob eben ein "Frevler" sei, weil ihm so viel Leid zugestoßen sei. Zofar ist überzeugt, dass die Frevler elend zugrunde gehen werden. Ja Hiobs Freund ist sogar der Meinung, dass Gott den Bösewicht geradezu "handfest" bestraft.

Hier setzt nun Hiobs Gegenrede ein. Er stellt die These von Zofar auf den Kopf. Er schleudert seinen angeblich gut meinenden Freunden die Frage an den Kopf: *"Warum bleiben Frevler am Leben, / werden alt und stark an Kraft?"* Sie haben recht gehört, ich habe mich nicht verlesen. Hiob fragt nicht: Warum bleiben *Gerechte* am Leben, / werden alt und stark an Kraft? Nein: Es sind gerade die Bösewichte, die Ungerechten, die nach Hiob am Leben bleiben.

Man könnte sich schon die Frage stellen, welchen Sinn es denn habe, ein frommes und rechtschaffenes Leben zu führen, wenn das einem letztlich doch nichts nützt, wenn es oftmals dem Frevler besser geht als dem Gerechten. Aber das ist ja gerade das Besondere des christlichen Glaubens, dass er keine Automatenreligion ist, sondern immer ein Wagnis. Hiobs Freunde und viele Menschen heute gehen von einem Automatengott aus. Oben werfe ich eine Münze hinein und unten kommen die Bonbons heraus. Und wenn der Automat einmal klemmt, dann schlage ich einfach mit der Faust drauf und dann gibt er die Süßigkeiten schon frei. Bei Gott nützt es nichts, wenn wir eine Faust machen oder mit der Faust drauflos schlagen. Er ist und bleibt in seinem Handeln frei.

Hiob kehrt die Meinung von Zofar ins Gegenteil. Zofar glaubt, Gott lasse seine Schläge auf den Frevler regnen (20,23). Hiob hingegen kennt die Realität des Lebens besser, wenn er von den Bösewichten sagt: *"Ihre Häuser sind in Frieden, ohne Schreck, / die Rute Gottes trifft sie nicht."* Ja die Frevler haben sogar wirtschaftliches Glück. Die Viehzucht gelingt ihnen, ihre Kühe bringen ohne Fehlgeburten Kälber zur Welt. Die Gottlosen führen ein fröhliches Leben, "verbrauchen ihre Tage im Glück / und fahren voll Ruhe ins Totenreich." Wenn sie wenigstens ein mühsames Sterben hätten, das könnte Hiob noch verstehen, aber auch da sterben sie "voll Ruhe". Und dies, obwohl sie von Gott nichts wissen wollen.

Es geht bei den Frevlern nicht um Gleichgültige, so wie sich manche Menschen entschuldigen mit dem Satz: "Ich bin halt kein Kirchenspringer!" Hiob beschreibt hier solche, die Gott aktiv verneinen, wenn sie sagen: *"Weiche von uns! / Deine Wege wollen wir nicht kennen."*

Den Freunden Hiobs ist aber auch nicht verborgen geblieben, dass die Vergeltungsordnung, wonach man erntet, was man gesät hat, nicht immer aufgeht. Um ihre Ansicht zu retten, behaupten sie, wenn Gott die Frevler nicht selber strafe, dann strafe er zumindest deren Kinder.

Das ist gerade die besondere Botschaft des Hiobbuches, dass es aufzeigt, dass die Frage nach dem unmittelbaren Nutzen des Glaubens letztlich ins Leere weist. Die Bösewichte gehen davon aus, dass es sowieso nichts nützt, wenn sie Gott dienen. Die Frommen hingegen hoffen gerade, dass es ihnen etwas nützen möge, wenn sie Gott dienen. Und auch sie werden nach Meinung Hiobs ebenfalls enttäuscht. Gott lässt sich nicht verrechnen. Er ist souverän, er ist der Allmächtige. Wir dürfen ihm vertrauen und uns ihm anvertrauen. Aber wir haben ihn und unser Lebensschicksal nicht in der Hand.

„Gebt dem Kaiser, was des Kaisers ist“.[39]

Am Wochenende habe ich mich hinter die Steuererklärung gemacht nach dem Motto *„Gebt dem Kaiser, was des Kaisers ist.“* (Markus 12,17). Es ist ja durchaus eine Christenpflicht, Steuern zu zahlen. Schließlich zahlen wir mit unseren Steuern auch das budgetierte Defizit des Adlergartens. Und wie man kürzlich in einem Leserbrief im „Landboten“ lesen konnte, verursacht der Adlergarten ja das größte Defizit der städtischen Alters- und Pflegeheime in Winterthur. Nur nebenbei gesagt ist der Adlergarten auch das größte städtische Heim.

Also bleibt uns nichts anderes übrig, als unsere Steuererklärung auszufüllen und dann auch die Steuerrechnung pünktlich zu zahlen.

In dem genannten Leserbrief stand leider nichts, wie viel Millionen der Unterhalt der Winterthurer Straßen ausmacht. Da spricht man gar nicht von einem Defizit, denn dass die Straßen kosten, ist doch ganz selbstverständlich. Die Straßen müssen doch unterhalten werden und nach dem strengen Winter mit dem vielen Salz auf den Straßen kommen jetzt auch die Löcher zum Vorschein, und so wird die Straßenmeisterei sich dahinter machen und die Straßen flicken. Und im Sommer, wenn es heiß ist, werden dann die neuen Straßenbeläge asphaltiert, damit wir im Winter Straßen ohne Löcher haben.

Im Alters- und Pflegebereich kann man die Löcher nicht so leicht ausbessern wie auf den Straßen. Im Alters- und Pflegebereich entstehen notgedrungen finanzielle Löcher, weil ein Pflegeheim heute schlicht nicht mehr von den Bewohnerinnen und Bewohnern allein finanziert werden kann. Damit sich die Einnahmen und die Ausgaben ausgleichen würden,

[39] 21. März 2005.

müsste man obszön hohe Heimtaxen verlangen, die sich nur einige Millionäre leisten könnten. Die heutigen Heimtaxen sind schon unanständig hoch genug. Daran sind nicht die Heime schuld, sondern ein fehlendes politisches Instrument der Pflegefinanzierung. Wir alle können einmal zu Pflegefällen werden. Davor ist niemand gefeit.

Aber dürfen denn die Pflegeheime der Stadt nicht etwas kosten? Müssen die städtischen Heime denn selbsttragend sein? Schließlich haben unsere Bewohnerinnen und Bewohner ein Leben lang Steuererklärungen ausgefüllt - wie ich am Wochenende - und Steuern auch bezahlt. Sie haben nicht jahrelang Bilanzen gefälscht und eine „Erb"-Last von 10 Millionen an geschuldeten Steuern hinterlassen.

Warum dürfen unsere alten Winterthurerinnen und Winterthurer jetzt im Alter der Stadt nicht auch etwas kosten wie der Asphalt auf unseren städtischen Straßen oder die Randsteine aus Granit. Niemand käme es in den Sinn, eine Straße in Winterthur zu schließen, weil keine finanziellen Mittel für den Unterhalt mehr da sind. Auf den Straßen müssen die neu rot gespritzten städtischen Busse verkehren können, unsere Privatautos brauchen einen guten Straßenbelag, damit die Stoßdämpfer nicht ruiniert werden, und auch die Velofahrerinnen und -fahrer sind froh, wenn die Winterthurer Straßen keine Löcher haben, in denen man mit dem Vorderrad hängen bleiben könnte und einen wüsten Sturz produzieren könnte.

Die Osterzeit fällt dieses Jahr so ziemlich genau mit der Zeit des Ausfüllens der Steuererklärung zusammen. Da geht es um Geld und um nichts anderes als Geld. *„Gebt dem Kaiser, was des Kaisers ist."* Aber der Spruch Jesu geht ja weiter *„und gebt Gott, was Gottes ist"*.

Wenn Sie heute die Bewohnerinnen und Bewohner besuchen und ihnen einen Blumengruß der Herz Jesu-Pfarrei und der Zwinglikirche bringen, dann müssen sie nicht über die Steuererklärung reden oder das budgetierte Defizit der städtischen Alters- und Pflegeheime.

Sie kommen ja gratis und belasten die städtischen Finanzen nur marginal - außer wenn Sie zum Kaffee mehr als *ein* Gipfeli genommen hätten - das wäre dann fast wieder einen Leserbrief im „Landboten" wert.

Sie bringen den Bewohnerinnen und Bewohnern eine Freude. Das wird geschätzt gerade jetzt, wo man in Winterthur den Eindruck bekommt, die alten Menschen in den Heimen - die jahrelang ihre Steuererklärung ausgefüllt haben - seien nur noch Defizitverursacher.

Denken Sie daran. Es sind Menschen mit Würde, die der Stadt und uns als Steuerzahlern auch etwas kosten dürfen. *„Gebt dem Kaiser, was des Kaisers ist, und gebt Gott, was Gottes ist."*

Krankheit als Folge von Sünde und Schuld?[40]

Johannes 9,1-7

„Unterwegs sah Jesus einen Mann, der seit seiner Geburt blind war. Da fragten ihn seine Jünger: Rabbi, wer hat gesündigt? Er selbst? Oder haben seine Eltern gesündigt, sodass er blind geboren wurde? Jesus antwortete: Weder er noch seine Eltern haben gesündigt, sondern das Wirken Gottes soll an ihm offenbar werden. Wir müssen, solange es Tag ist, die Werke dessen vollbringen, der mich gesandt hat; es kommt die Nacht, in der niemand mehr etwas tun kann. Solange ich in der Welt bin, bin ich das Licht der Welt.
Als er dies gesagt hatte, spuckte er auf die Erde; dann machte er mit dem Speichel einen Teig, strich ihn dem Blinden auf die Augen und sagte zu ihm: Geh und wasch dich in dem Teich Schiloach! Schiloach heißt übersetzt: Der Gesandte. Der Mann ging fort und wusch sich. Und als er zurückkam, konnte er sehen." (Einheitsübersetzung)

Wenn wir jemandem zum Geburtstag gratulieren, dann wünschen wir ihm meistens Gesundheit und Gottes Segen. Gesundheit ist also hier mit dem Segen Gottes gleich gestellt. Wer gesund ist, der ist auch von Gott gesegnet. So hat es den Anschein.

Gesundheit wird als eines der höchsten Güter angesehen, die es zu erstreben gilt und man tut alles, damit man dieses Gut nicht verliert. Da isst man spezielle Diäten, geht ins Fitness-Training, rennt über den Vita-Parcours. Gesundheit und Wellness über alles.

Wie muss es da einem kranken Menschen zumute sein? Er hat dieses „höchste Gut" Gesundheit für kurze Zeit oder für immer verloren. Ist er

[40] 9. Oktober 2011.

deshalb nicht von Gott gesegnet? Ihm wurde doch auch auf den Geburtstags-Karten Gesundheit und Gottes Segen gewünscht, und trotzdem hat ihn Krankheit und Leid ereilt. Ist er etwa selbst, schuld daran, dass es ihm so ergeht? Ist Krankheit Folge von Sünde und Schuld? Ist die mir abhandengekommene Gesundheit etwa Strafe für ein fehlerhaftes Verhalten?

Wer von Geburt an mit einem Leiden behaftet ist, wer ein Leiden ererbt hat oder auch wer plötzlich und unerwartet von einer Krankheit heimgesucht wird, der wird sich diese Fragen stellen. Das sind Fragen, die uns beschäftigen, wenn wir selbst krank sind oder wenn wir kranken Menschen begegnen.

Für alles muss es doch eine Erklärung geben, auch für Krankheit und Leiden. So denken viele. Haben wir uns erkältet und liegen mit einer fieberhaften Grippe im Bett, dann haben wir schnell eine Erklärung zur Hand. „Ich habe bestimmt Zug bekommen, als ich am offenen Fenster saß. Jetzt habe ich die Strafe dafür." Krankheit als Folge von Ungehorsam, als Folge von falschem Verhalten.

Auch die Menschen zur Zeit Jesu hatten für alles eine Erklärung. Für Krankheit gab es für sie eine ganz einfache Erklärung: Krankheit ist Folge von Sünde und Schuld.

Aber den selbstgerechten Besserwissern von damals und auch denen von heute schleudert Jesus ein klares Nein entgegen. So leicht ist die Erklärung nicht, wie ihr euch das so vorstellt. Krankheit ist nicht unbedingt Folge von Sünde und Schuld. *„Weder dieser hat gesündigt noch seine Eltern."* So sagt es Jesus. Jesus durchbricht diesen Zusammenhang von Krankheit und Schuld und damit durchbricht er die gängigen Moralvorstellungen seiner Zeit. Dort hatte man einem Vergeltungs-

Glauben gehuldigt, nach dem auf die böse Tat die Strafe in Form von Krankheit, Leiden oder Unglück folgt. Nein, diese simplen Erklärungs-Versuche pressen Gott in ein menschliches Schema und lassen ihn nicht mehr Gott sein.

Wie viel Leid und Not wird gerade oft in frommen Kreisen angerichtet, indem man dieses zur Zeit des Neuen Testaments verbreitete Vergeltungs-Denken auf Kranke überträgt. Hat es der Kranke nicht schon schwer genug? Stellt er sich diese Fragen nicht im Stillen selbst? Sucht nicht auch er nach einer Erklärung? „Womit habe ich dies nur verdient? Mein Lebtag hab‘ ich gearbeitet und versucht, anderen Menschen zu helfen - und nun dies! Warum trifft es gerade mich?“

In einer solchen Situation sind dann sofort fromme Schwätzer da, die eine Erklärung parat haben. „Du musst nur deine Sünden bekennen, dann wirst du gesund!“ Und möglicherweise halten sie einem noch eine fett gedruckte Bibelstelle unter die Nase. Oder sie teilen uns überlaut mit, wie inständig sie für uns beten. Und dahinter steckt oft nur die unausgesprochene Meinung, Krankheit sei Folge von Schuld. Diese frommen Schwätzer reiben sich im Stillen die Hände, denn sie sind ja mit Gesundheit gesegnet und das heißt nach ihrer Logik: *Sie* sind frei von Sünde und Schuld. Welche Selbstgerechtigkeit, die sich dahinter verbirgt.

Ich habe hier bewusst ein wenig karikiert. Wir machen es heute nicht mehr so aufdringlich. Wir machen es viel feiner und subtiler. Aber damit machen wir es dem Kranken in keiner Weise leichter.

Die Botschaft Jesu huldigt keinem Vergeltungsdenken. Sie ist eine Botschaft der Befreiung, des Trostes und der Hilfe. Sie gilt dem gesunden wie dem kranken Menschen.

Die Ausgangssituation in unserem Predigttext ist folgende: Im Vorübergehen sehen die Jünger Jesu einen Bettler, der bereits von Geburt an blind ist. Wie ist das zu erklären? Dieser Blindgeborene ist doch ein bemitleidenswertes Geschöpf. Die Jünger haben auch sehr schnell eine für sie plausible Erklärung zur Hand. Es kann doch nur ein Entweder-oder geben. Entweder der Blinde selbst oder seine Eltern müssen gesündigt haben. Eine andere Erklärung kann es für sie doch gar nicht geben. Der Zusammenhang von Sünde und Strafe ist nach ihrer Meinung unerschütterlich. Mit dieser Vorstellung fanden sie sich schließlich in bester Gesellschaft. Die jüdischen Theologen zur Zeit Jesu teilten doch auch diese Auffassung. Im Schicksal des einzelnen Menschen spiegle sich die göttliche Gerechtigkeit wider. Jedem gehe es so, wie er es verdiene. Gott zahle heim „Maß gegen Maß".

Entspricht es nicht auch gut alttestamentlichem Denken, dass auf eine bestimmte Tat ein bestimmtes Ergehen folgt? Das scheint doch nur gerecht zu sein. Auf eine gute Tat folgt Wohlergehen, auf eine schlechte Tat Krankheit und Unglück.

Ist es verwunderlich, dass die Jünger das Rätsel dieses Blindgeborenen mit den Vorstellungen und Denkkategorien ihrer Zeit zu lösen versuchten? Wie wird Jesus diese Frage beantworten? Ist es der Blindgeborene selbst oder sind es seine Eltern, denen die Schuld an der Krankheit und dem Leiden zukommt?

Aber Jesus weist dieses Entweder-oder-Denken ab. Er setzt neue Maßstäbe. „Weder dieser hat gesündigt noch seine Eltern, sondern die Werke Gottes sollen an ihm offenbar werden." Jesus lehnt beide von den Jüngern erwogenen Möglichkeiten ab und damit auch die ganze Betrachtungsweise. Das Vergeltungsdenken, wonach Krankheit die direkte

Folge von Sünde ist, kann nicht mehr aufrechterhalten werden. Krankheit ist nicht unbedingt Folge von Schuld. Wenn hinter der Blindheit dieses Bettlers überhaupt eine göttliche Absicht steht, dann doch nur die, die Werke Gottes und das heißt, das Heilswirken Gottes an ihm offenbar werden zu lassen. Gott kann sein Heilswirken offenkundig werden lassen. Er kann eingreifen und uns Heil und Heilung zukommen lassen.

Jesus hat damit die Absurdität des Vergeltungsdenkens bloß gelegt. Wenn dieses Gesetz der Vergeltung herrschen würde, dann wäre Gott zum Funktionär des Menschen degradiert. Er könnte nicht mehr in Freiheit handeln. Er müsste den Bösen bestrafen und dem Guten und Frommen Wohlergehen zuteilwerden lassen.

Nein, so leicht kann man Krankheit nicht erklären. Es gibt unverschuldetes Leiden, das sich menschlicher Logik entzieht. Wir können nicht einfach alle Nöte, Krankheiten, Leiden und Unglücksfälle als göttliche Reaktion auf menschliche Verschuldungen verstehen.

Und dennoch wird man sagen müssen, dass Jesus mit seiner Antwort nicht jeden Zusammenhang zwischen Schuld und Unheil bestreitet. Es gibt durchaus Situationen, in denen ein gewisser Zusammenhang zwischen Sünde und Krankheit bestehen mag. Dieser Gedanke ist durchaus im Alten Testament vorhanden, obwohl gerade Hiob (Ijob) oder auch das Buch Prediger (Kohelet) gegen eine Verabsolutierung dieses Gedankens ankämpfen. Wo er eben zu einem Automatismus wird, wo er den Menschen zur Selbstgerechtigkeit verführt, da muss ihm ein klares Nein entgegen gebracht werden. Krankheit ist nicht unbedingt Folge von Sünde. Im Buch Prediger (7,16) heißt es: *„Mancher Fromme kommt um bei all seiner Frömmigkeit, und mancher Gottlose wird alt bei all seiner Schlechtigkeit.“*

Und doch würden wir an der damaligen wie heutigen Realität vorbei gehen, wollten wir jeglichen Zusammenhang kategorisch verneinen.

Wenn wir zu viel feine Patisserie gegessen haben und die Gewichtszunahme mit Erschrecken auf der Waage feststellen, dann sagen wir ja auch: „Ich habe wieder einmal gesündigt!" Und wenn der Kranke seine vom Arzt verordnete Diät nicht einhält, dann tröstet er sich vielleicht damit, dass er sich sagt: „Ab und zu muss man doch mal sündigen." Hier nehmen wir ganz unverhohlen einen Zusammenhang zwischen Krankheit und „Sünde" an.

Aber in unserem Predigttext geht es eben nicht um diese selbst verschuldeten „Krankheiten". Es geht hier um unverschuldete Krankheit und um Leiden, das über uns hereinbricht, und für das wir keine Erklärung finden können. Das ist es ja gerade, was dem Kranken Mühe macht, dass er keine Erklärung für seine Krankheit findet. Er wünscht sich vielleicht manchmal, dieser Automatismus von Sünde und Krankheit würde zutreffen, denn dann hätte er Gott ja in der Hand. Dann müsste er nur von der Sünde lassen und dann würde er gesund. Aber Gottes Realität ist anders. Nicht nur den Gottlosen kann Krankheit befallen, sondern genauso gut den Frommen. Das hat ein Hiob erfahren. Nein. Krankheit kann nicht einfach als Folge von Schuld aufgewiesen werden. Hinter diesem Verständnis verbirgt sich krasse Selbstgerechtigkeit.

Wir sollten die Klage des Kranken, der keine Erklärung für seine Krankheit findet, ernst nehmen und ihn nicht wie fromme Schwätzer beschwichtigen nach dem Motto: „Zu irgendetwas wird's schon gut sein." Das ist zu billig und hilft dem Kranken nicht weiter. Aber eines ist gewiss und darauf dürfen wir uns auch in Krankheit verlassen. Gott schenkt uns sein Heil auch dann, wenn er uns keine Heilung schenkt.

E-Mail(le).[41]

Früher wusste jedes Kind, was Emaille war, auch wenn es natürlich keine Ahnung hatte, wie das weiße Material Emaille eigentlich hergestellt wurde. In jedem Haushalt hatte man zumindest *ein* Gefäß aus Emaille, mit dem bereits das Kleinkind erste Bekanntschaft machte, wenn die Eltern des Windelwechselns leid waren. Wahrscheinlich sind auch Sie wie ich als Kind auf Emaille gesessen.

Für unsere Bewohnerinnen und Bewohner ist Emaille auch ganz wichtig, auch wenn die heutigen Gefäße nicht mehr aus Emaille bestehen, sondern aus Chromstahl.

Fragt man heutige Kinder nach Emaille, so werden sie völlig andere Assoziationen damit verbinden als wir. E-Mail ist doch das, was man mit dem Computer verschicken kann. Es ist sogenannte elektronische Post, und weil heute ja alles auf Englisch sein muss, ist es eben „Electronic Mail“ oder abgekürzt E-Mail (i-meel).

Da unsere jetzigen Primarschüler noch kein Frühenglisch haben, kommt es ja nicht auf die korrekte Aussprache an, und so kann man statt e-mail (i-meel) einfach auch Emaille sagen.

Auch im Pflegeheim hat das E-Mail Einzug gehalten. In jedem Stationszimmer steht ein Computer und jede Pflegefachperson hat bei uns ein eigenes E-Mail-Konto. So können Informationen in Sekundenbruchteilen ausgetauscht werden. Mit einer sogenannten Verteilerliste kann man seine wichtige Nachricht mit einem einzigen Mausklick gleichzeitig an Hunderte Personen verschicken, und wenn man nicht aufpasst, auweia, an die gesamte Stadtverwaltung.

---

[41] 2. April 2007.

Eine wunderbare Sache. Man kann das sogar zu jeder Tages- und Nachtzeit machen und stört niemandem damit bei der verdienten Nachtruhe oder beim Mittagsschlaf, weil das E-Mail nicht nervtötend läutet wie das Telefon, sondern geduldig darauf wartet, bis man seinen Computer aufgestartet hat und das E-Mail dann am aus Flüssigkristallen bestehenden und nicht emaillierten Bildschirm erscheint.

Hunderte Personen freuen sich dann über diese wichtige Nachricht, die sie zuerst lesen müssen, bevor sie sie wieder löschen können.

Und wenn der Absender ganz sicher sein will, dass wirklich alle seine wichtige elektronische Post auch erhalten haben, dann fordert er noch eine sogenannte Lesebestätigung an, und dann erhält er wieder Hunderte solcher identischer Lesebestätigungen, die er alle wieder auf seinem Computer löschen muss.

Die Computer-Programmierer haben sich dabei aber abgesichert. Auf der Lesebestätigung steht nur, dass die betreffende E-Mail auf dem Computer des Empfängers angezeigt wurde, aber dass dies keinesfalls bedeute, dass die E-Mail gelesen und vor allem auch, was noch wichtiger ist, verstanden wurde. Wie sinnvoll diese Absicherung!

Noch beschränken sich die E-Mail-Konten in den Pflegeheimen aufs Personal. Aber vermutlich zumindest vor den nächsten Stadtrats- und Gemeinderatswahlen werden trendige zukünftige Stadt- und Gemeinderäte im Wahlkampf dafür plädieren, dass man auch in den Pflegeheimen an jedem Bett einen Computer-Terminal installieren soll, damit die Bewohnerinnen und Bewohner E-Mails empfangen können und ihre saftigen Heimrechnungen per Internet Banking fristgerecht bezahlen können.

Stellen Sie sich dieses Zukunfts-Szenario einmal vor. Anstatt dass Sie dann auf Schusters Rappen oder mit dem Winterthurer Liegevelo in den Adlergarten kommen müssen, können Sie von zuhause aus an ihrem nicht emaillierten Bildschirm den Bewohnerinnen und Bewohnern einen emaillierten Ostergruß schicken. Und wenn Sie selber noch keinen Computer haben, so können Sie doch vor den Gemeindedienst-Büros von Heidi Dick, Susanne Horak oder Max Fehr Schlange stehen, und von dort Ihr E-Mail verschicken.

Leider ist das noch Zukunftsmusik und deshalb sind Sie heute hier und stehen nicht vor den Büros Schlange.

Aber zumindest ein Problem ließe sich dann zumal dennoch nicht lösen. Die Blumenstöcklein, welche Sie den Bewohnerinnen und Bewohnern als Gruss von der Zwinglikirche und der Herz Jesu-Pfarrei überreichen wollen, ließen sich auch dann nicht per E-Mail verschicken, denn dazu sind die Datenleitungen doch zu dünn.

Und so wird es auch nach den nächsten Stadt- und Gemeinderatswahlen so bleiben müssen, dass Sie weiterhin persönlich Besuche im Adlergarten machen, denn Sie kommen ja als individuelle Person und sind nicht ein Massen-E-Mail, das man via Verteilerliste mit einem einzigen Mausklick an Hunderte Personen verschicken kann.

Emaillierte Gefäße so, wie Sie sie aus Ihrer Kindheit kennen, werden unsere Bewohnerinnen und Bewohner im Pflegeheim weiterhin gebrauchen, auch dann noch, wenn ihnen die Stadt gratis einen Computer ins Zimmer stellt.

Und genauso wichtig werden Sie als freiwillige Helferinnen bleiben, die sich als Menschen aus Fleisch und Blut einbringen und nicht in emaillierter Form.

Das „Dennoch“ des Glaubens.[42]

Psalm 73

„Lauter Güte ist Gott für Israel, für alle Menschen mit reinem Herzen. Ich aber - fast wären meine Füsse gestrauchelt, beinahe wäre ich gefallen. Denn ich habe mich über die Prahler ereifert, als ich sah, dass es diesen Frevlern so gut ging. Sie leiden ja keine Qualen, ihr Leib ist gesund und wohlgenährt. Sie kennen nicht die Mühsal der Sterblichen, sind nicht geplagt wie andere Menschen. Darum ist Hochmut ihr Halsschmuck, wie ein Gewand umhüllt sie Gewalttat. Sie sehen kaum aus den Augen vor Fett, ihr Herz läuft über von bösen Plänen. Sie höhnen, und was sie sagen, ist schlecht; sie sind falsch und reden von oben herab. Sie reissen ihr Maul bis zum Himmel auf und lassen auf Erden ihrer Zunge freien Lauf. Darum wendet sich das Volk ihnen zu und schlürft ihre Worte in vollen Zügen. Sie sagen: «Wie sollte Gott das merken? Wie kann der Höchste das wissen?» Wahrhaftig, so sind die Frevler: Immer im Glück, häufen sie Reichtum auf Reichtum.

Also hielt ich umsonst mein Herz rein und wusch meine Hände in Unschuld. Und doch war ich alle Tage geplagt und wurde jeden Morgen gezüchtigt. Hätte ich gesagt: «Ich will reden wie sie», dann hätte ich an deinen Kindern Verrat geübt. Da sann ich nach, um das zu begreifen; es war eine Qual für mich, bis ich dann eintrat ins Heiligtum Gottes, und begriff, wie sie enden. Ja, du stellst sie auf schlüpfrigen Grund, du stürzt sie in Täuschung und Trug. Sie werden plötzlich zunichte, werden dahingerafft und nehmen ein schreckliches Ende, wie ein Traum, der beim Erwachen verblasst, dessen Bild man vergisst, wenn man aufsteht. Mein

[42] 7. Juni 2009.

Herz war verbittert, mir bohrte der Schmerz in den Nieren; ich war töricht und ohne Verstand, war wie ein Stück Vieh vor dir. Ich aber bleibe immer bei dir, du hältst mich an meiner Rechten. Du leitest mich nach deinem Ratschluss und nimmst mich am Ende auf in Herrlichkeit. Was habe ich im Himmel ausser dir? Neben dir erfreut mich nichts auf der Erde. Auch wenn mein Leib und mein Herz verschmachten, / Gott ist der Fels meines Herzens und mein Anteil auf ewig. Ja, wer dir fern ist, geht zugrunde; du vernichtest alle, die dich treulos verlassen. Ich aber - Gott nahe zu sein ist mein Glück. / Ich setze auf Gott, den Herrn, mein Vertrauen. Ich will all deine Taten verkünden." (Einheitsübersetzung)

Lohnt es sich überhaupt, an Gott zu glauben, wenn es den Gott*losen* besser geht als den Gottes*fürchtigen*? Diese Frage treibt uns um, wenn wir trotz solidem Lebenswandel von einem schweren Schicksalsschlag heimgesucht werden.

Wie muss es den Angehörigen der Opfer des Fluges Air France 447 gehen, der am Pfingstmontag auf dem Weg von Rio de Janeiro nach Paris im Südatlantik abgestürzt ist. 228 Menschen haben dabei ihr Leben verloren und für deren Angehörigen ist dieses tragische Unglück ganz schlimm und fast nicht zu verarbeiten.

Soll man da noch an Gott glauben? Wie kann Gott so etwas zulassen?

Ich habe für solche Fragen durchaus Verständnis. Schicksalsschläge stellen die Gerechtigkeit Gottes auf den ersten Blick infrage und doch dürfen wir dabei nicht stehen bleiben.

Das Wesen des biblischen und christlichen Glaubens besteht eben gerade darin, dass die Frage nach Gottes Gerechtigkeit letztlich unbeantwortet bleibt. Auf die Warum-Frage gibt die Bibel bewusst keine schlüssige Antwort. Das mag für viele leidgeprüfte Menschen eine herbe Enttäuschung sein. Das mag auch mit ein Grund dafür sein, weshalb sich von schweren Schicksalsschlägen getroffene Menschen zum Teil zweifelhaften Religionsgemeinschaften und Sekten anschliessen. Dort haben sie das Gefühl, es würden ihnen *die* Antworten auf ihre Fragen gegeben, die sie eigentlich hören möchten.

Aber ich denke, dass das gerade das Wesen des christlichen Glaubens ausmacht, dass er keine vorschnellen und letztlich billigen und unbefriedigenden Lösungen anbietet. Hier ist doch Ehrlichkeit gefragt. Wir dürfen doch leidgeprüften Menschen nichts vorgaukeln. Wir dürfen doch nicht so tun, als ob wir die Antworten wüssten, nach dem Motto schliesslich haben wir doch etliche Semester Theologie studiert. Nein hier kann uns der schlichte Psalm 73 weiterhelfen, denn er gaukelt uns nichts vor.

Der leidgeprüfte Psalmbeter hält trotz allem an Gott fest, auch wenn er sieht, dass sich seine Frömmigkeit letztlich nicht ausgezahlt hat. Dem Gottlosen, dem Prahler geht es doch viel besser als ihm. Macht es da noch Sinn, an Gott zu glauben? Ja, es macht Sinn. Das „Dennoch" des Glaubens ist das Herzstück christlicher Theologie. „Dennoch bleibe ich stets an dir, denn du hältst mich bei deiner rechten Hand." So redet ein Leidgeprüfter und nicht einer, dem alles gelingt und der in Saus und Braus leben kann.

Wenn man vom Prinzip Leistung - Gegenleistung ausgeht, dann muss man ehrlicherweise sagen, dass es sich nicht lohnt, an Gott zu glauben. Ich möchte das an einem Beispiel erläutern. Wenn wir in einem Geschäft an der Kasse Geld zahlen, dann wollen wir auch eine Gegenleistung dafür. Wir zahlen und die Verkäuferin händigt uns als Gegenleistung die Ware aus. So funktioniert unsere Wirtschaft.

Aber mit dem christlichen Glauben verhält es sich anders. Da folgt auf unsere „Leistung“, die darin besteht, ein frommes und gottergebenes Leben zu führen, nicht automatisch als „Gegenleistung“ das Wohlergehen und das verschont werden von Krankheiten und Schicksalsschlägen. Das scheint auf den ersten Blick enttäuschend zu sein.

Warum glaube ich dann denn, wenn es mir letztlich gar nichts nützt? Da könnte ich doch gleich ein ausschweifendes und gottloses Leben führen. Vielleicht geht es mir dann trotzdem genauso gut wie den Gottlosen in unserem Psalm.

Es gibt andere Weltreligionen, welche ihren Gläubigen ein wunderbares Leben im Jenseits versprechen, wenn sie in diesem Leben ein Gott wohlgefälliges Leben führen. Das kann dann solche perversen Formen annehmen wie bei einzelnen Selbstmordattentätern, welche sich mit Bomben selbst in die Luft sprengen, um dadurch unschuldige andere Menschen zu töten. Als „Belohnung“ werden diesen grausamen Attentätern im Himmel dann 72 Jungfrauen versprochen.

Da lobe ich mir letztlich den christlichen Glauben, der die Frage nach Gottes Gerechtigkeit nicht so billig und letztlich menschenverachtend beantwortet.

Religionen, welche die Lehre von der Reinkarnation vertreten, können Ungerechtigkeiten in unserer Welt deshalb tolerieren, weil man ja dann in einem späteren Leben wieder die Belohnung für die Entbehrungen in diesem Leben erhält.

In der Tat gibt es in der Bibel auch die Vorstellung, dass auf eine gute Tat gutes Ergehen folgt und umgekehrt, dass auf eine böse Tat schlechtes Ergehen folgt. Im Rückschluss heisst dies dann, dass derjenige, der von Krankheit oder Schicksalsschlägen heimgesucht wird, letztlich gesündigt haben müsse. Gegen dieses kurzsichtige und letztlich unbiblische Denken, das etwa von den Freunden Hiobs vertreten wird, kämpft das Buch Hiob an und unser heutiger Predigttext Psalm 73. Nein so einfach ist das nicht. Es gibt unverschuldetes Leiden, für das es keine Begründung gibt.

Zwar wissen wir alle, dass es für gewisse Krankheiten sogenannte Risikofaktoren gibt. Einige davon können wir beeinflussen und andere wiederum nicht. Es ist heute Allgemeinwissen, dass Rauchen schädlich für den Körper ist. Ich habe gelesen, dass schon 3 Zigaretten pro Tag das Herzinfarkt-Risiko verdoppeln. Diesen Risikofaktor könnte man also eliminieren.

Übergewicht und Bewegungsarmut sind weitere Risikofaktoren. In einer Studie des Bundesamts für Gesundheit wird festgestellt, dass Übergewicht und Fettleibigkeit in der Schweiz jährlich Kosten von rund 2,7 Milliarden Franken verursachen und die Tendenz steigend sei. Gegen diese Risiken kann man etwas unternehmen zumindest in jungen Jahren. Ich muss mich da auch an der eigenen Nase nehmen.

Neben diesen hausgemachten Risikofaktoren gibt es aber solche, auf die wir keinen Einfluss haben. Dazu gehört etwa der Risikofaktor Vererbung. Was uns mit unserem Erbgut in die Wiege gelegt worden ist, steht nicht in unserer Hand. Darauf können wir auch keinen Einfluss nehmen. Und viele Krankheiten werden tatsächlich vererbt.

Das ist genau die Botschaft von Psalm 73. Es gibt unverschuldetes Leiden, Leiden, das unseren Glauben massiv infrage stellt. Wer das leugnet, nimmt unseren Psalm nicht ernst.

Niemand von uns weiß, welche Schicksalsschläge uns auch dann treffen können, wenn wir ein Leben lang ein gottesfürchtiges Leben geführt haben. Ein Schlaganfall, der eine bleibende Lähmung zur Folge hat, kann ohne jede Vorwarnung auftreten. Eine schleichende Muskelkrankheit kann uns für Jahre und Jahrzehnte vom Rollstuhl abhängig machen. Oder die Diagnose Krebs kann uns auch dann treffen, wenn wir keinerlei Risikofaktoren aufweisen, welche diese Krankheit begünstigen könnten.

Das sind dann ganz bittere Erfahrungen, die uns an Gottes Gerechtigkeit zweifeln lassen und die unseren Glauben zutiefst infrage stellen. Wir dürfen dies keinesfalls bagatellisieren. Aber wir können uns vom Psalmbeter von Psalm 73 Mut zusprechen lassen. Er verharmlost das unschuldige Leiden keineswegs. Aber er hält am „Dennoch“ des Glaubens fest. *„Nun aber bleibe ich stets bei dir, du hältst mich bei deiner rechten Hand. Du leitest mich nach deinem Ratschluss und nimmst mich hernach in die Herrlichkeit.“*

Recht auf Religion[43]

Hoffentlich sind Sie nicht enttäuscht, wenn ich heute kein Werbeplakat als Einstieg für mein karges Wort auf den Weg benütze. Der heutige Tag ist nämlich etwas Besonderes. Heute vor 53 Jahren haben die Vereinten Nationen (die UNO) die allgemeine Erklärung der Menschenrechte verabschiedet. Dies geschah auf dem Hintergrund des Zweiten Weltkrieges, wo die Menschenrechte mit Füssen getreten wurden, wo Menschen wegen ihrer Rasse, ihres Glaubens oder ihrer sexuellen Orientierung in Vernichtungslagern umgebracht wurden. Die UNO hat damals Grundrechte formuliert, die überall gelten sollen auch in Ländern, die der UNO noch nicht angehören.

Eines dieser Menschenrechte ist das Recht auf Religion. Das ist ein schützenswertes Gut. Aber Religion darf nicht losgelöst von anderen Menschenrechten werden. Sonst wird Religion zur Perversion. Das beste und zugleich erschütterndste Beispiel sind die Taliban in Afghanistan, die unter dem Deckmantel eines fundamentalistischen Islam Menschen - und in diesem Falle in erster Linie Frauen - ihrer Menschenrechte berauben.

Es gibt bei uns eine ganz andere Form von Religion, eine Religion ohne Konturen, wo keine historisch gewachsenen Unterschiede mehr respektiert werden, wo alle religiöse Gemeinschaften gleich gültig sind, was letztlich zur religiösen Gleichgültigkeit führt.

Ein positiver Lichtblick war für mich die neue Schweizerische Bundesverfassung, wo in den Artikel über die Glaubens- und Gewissensfreiheit neu das „Recht auf Religion“ integriert wurde.

---

[43] 10. Dezember 2001.

Unsere Bewohnerinnen und Bewohner haben dieses Recht auf Religion. Es ist ihnen in der Bundesverfassung garantiert. Wer deshalb diesen Aspekt nicht mehr respektiert, weil für sie oder ihn alle Religionen gleich gültig und damit gleichgültig sind, der verweigert unseren Patientinnen und Patienten dieses Menschenrecht.

Mit Ihrem Adventsgesteck und der Adventskarte von den beiden Kirchgemeinden erinnern Sie die Bewohner an ihr Recht auf Religion. Zum Recht auf Religion gehört aber unabdingbar auch der Schutz vor Zwang zur Religion. Dieses wichtige Gut müssen wir genauso schützen. Wir müssen es voll respektieren, wenn jemand diesen Gruss von der Kirche bewusst ablehnt. Das ist auch sein Menschenrecht.

Aber wahrscheinlich sind Sie bei den allermeisten Bewohnerinnen und Bewohnern mit ihrem Gruss und ihrem Geschenk willkommen, denn Sie wollen die Menschen ja nicht „bekehren", sondern sie mit einer symbolischen Geste daran erinnern, dass sie von ihren Kirchen auch im Advent nicht vergessen werden.

„Wir müssen freiwillig!“[44]

Sie sind heute freiwillig als Freiwillige der Herz Jesu-Pfarrei und der Zwinglikirche in den Adlergarten gekommen und haben damit Ihren freien Willen unter Beweis gestellt.

Unsere Bewohnerinnen und Bewohner sind trotz freien Willens nicht freiwillig in den Adlergarten gekommen.

Oftmals beschreibe ich meine Tätigkeit hier im Adlergarten so: „Ich arbeite an einem Ort, wo niemand freiwillig hin will, und wo alle wissen, dass es ihn braucht.“

Freiwillig geht niemand ins Pflegeheim. Am liebsten möchten wir doch alle bis ins hohe Alter frei sein, nach unserem eigenen freien Willen freiwillig entscheiden können und nicht von anderen abhängig sein.

Gerade heute wird wieder die Bedeutung des freien Willens auch im Alter betont. Ich finde daran nichts Schlechtes, bin aber realistisch genug zu wissen, dass dies auch eine fantastische Traumvorstellung sein kann.

Ich bin ein sehr freiheitsliebender Mensch und lasse mich nicht gerne von anderen gängeln. Und doch weiß ich nur zu genau, wo mein freier Wille auch an Grenzen kommt. Meine Freiheit hat dort ihre Grenze, wo sie die Freiheit anderer Menschen einschränkt.

Das merkt man ganz praktisch im Straßenverkehr. Wenn ich da mit dem Gaspedal meine Freiheit voll ausleben würde, dann hätte das verheerende Folgen für die anderen Verkehrsteilnehmer und vor allem für die schwächsten unter ihnen, die Fußgänger. Und so schränken die Geschwindigkeitsbeschränkungen „Tempo 50 Generell“ meine persönliche

---

[44] 4. Dezember 2006.

Freiheit ein und die auf Rot stehende Verkehrsampel an der Kreuzung hindert mich am Fortkommen.

Aber das wissen wir alle. An dieser Freiheitsbeschränkung kommt keiner vorbei und die Stadt Winterthur rechnet schon fest mit Millionenerträgen aus Bußgeldern, mit welchen mobile und fest installierte Radarkameras und Rotlichtkameras die darbende Stadtkasse füllen werden.

Unser freier Wille wird dort eingeschränkt, wo wir anderen Menschen Schaden zufügen könnten.

Der Heimverband „Curaviva" veranstaltet eine Tagung zum Thema „Abhängigkeit in Würde". Mir gefällt der Titel, weil er ehrlich ist und nichts vorgaukelt.

Der freie Wille unserer Bewohnerinnen und Bewohner wird doch notwendigerweise massiv eingeschränkt. Das fängt doch schon damit an, ob man in ein Vierer-, Zweier- oder Einerzimmer kommt. Und da schränkt das Portemonnaie diesen so genannten freien Willen ganz brutal ein. Bei den heutigen astronomischen Pflegetaxen, die nicht in Gold aufzuwiegen sind, liegt ein Einerzimmer nur drin, wenn man finanzkräftig genug ist. Und so muss man, wenn man etwa als ledige Person ein Leben lang allein gewohnt hat, plötzlich das Zimmer mit drei anderen teilen. Wo bleibt da der angeblich freie Wille?

In einem Pflegeheim herrscht dann eine menschliche Atmosphäre, wenn man die Illusion eines wirklich freien Willens aufgibt, und die Abhängigkeit in Würde ernst nimmt. Zur Würde des Menschen gehört, dass man ihm wo immer möglich seinen freien Willen lässt, sich aber auch bewusst ist, wo dieser so genannte freie Wille auch seine Grenzen hat und wo der alte und oftmals demente Mensch auch überfordert wird.

Ich war vor Jahren mit Konfirmanden im Konfirmandenlager im Hoch Ybrig. Einmal kamen zwei Konfirmandinnen zu mir und fragten mich, ob sie irgendetwas machen *müssten*. Ich weiß jetzt nicht mehr, was es genau war. Aber etwas ist mir dabei bis heute in Erinnerung geblieben. Ich habe den beiden Konfirmandinnen auf ihre Frage geantwortet: „Es ist freiwillig." Schmunzeln musste ich dann, als ich hörte, wie sie durchs Treppenhaus ihren Kolleginnen im 2. Stock zuriefen: *„Wir müssen freiwillig! Wir müssen freiwillig!"*

Vermutlich hatte ich die Konfirmandinnen überfordert, indem ich ihnen das freistellte. Sie wollten klar wissen, ob sie das müssen oder nicht. Ja oder nein und nicht, es ist freiwillig.

Sie sind als Freiwillige heute freiwillig in den Adlergarten gekommen, um unseren Bewohnerinnen und Bewohnern jetzt im Advent einen kleinen Gruss zu überbringen. Es ist eine schöne Geste der Verbundenheit mit den Menschen, die hier nicht freiwillig ins Pflegeheim eingetreten sind, deren freier Wille durch Krankheit oder Alter so eingeschränkt worden ist, dass sie nicht mehr in ihrem angestammten Umfeld leben können, sondern in ein Heim eintreten mussten.

Ein wichtiger Bestandteil im Pflegeheim sind die Freiwilligen, die unseren pflegebedürftigen Menschen eine willkommene Abwechslung in ihren Alltag bringen und damit wieder etwas Würde in Abhängigkeit zurückgeben.

Lassen Sie anschließend, wenn Sie als Freiwillige freiwillig auf die Wohngruppen gehen, unsere Bewohnerinnen und Bewohner etwas davon spüren, dass Sie diese Arbeit aus freiem Willen freiwillig und mit Freuden tun und nicht sagen wie meine zwei Konfirmandinnen im Hoch Ybrig: *„Wir müssen freiwillig!"*

Glaubensheilung oder Glaubensstärkung?[45]

Jakobus 5,13-16

"Ist einer von euch bedrückt? Dann soll er beten. Ist einer fröhlich? Dann soll er ein Loblied singen. Ist einer von euch krank? Dann rufe er die Ältesten der Gemeinde zu sich; sie sollen Gebete über ihn sprechen und ihn im Namen des Herrn mit Öl salben. Das gläubige Gebet wird den Kranken retten, und der Herr wird ihn aufrichten; wenn er Sünden begangen hat, werden sie ihm vergeben. Darum bekennt einander eure Sünden und betet füreinander; damit ihr geheilt werdet. Viel vermag das inständige Gebet eines Gerechten." (Einheitsübersetzung)

Ein Zeitungsbericht im „Landboten" vom vorletzten Samstag hat mich schockiert. Da wurde über den amerikanischen Wunderheiler und Evangelisten Benny Hinn berichtet. In theatralischen Fernseh-Shows und Liveauftritten gibt der in weißes Leinen gekleidete Pastor vor, Krankheiten von Krebs bis Aids zu „kurieren".

Um seine Heilkraft noch unter Beweis zu stellen, werden die leeren Rollstühle seiner angeblich „geheilten" Anhänger werbewirksam auf die Bühne gefahren. Die „Geheilten" müssen aber auch tief in die Tasche greifen, damit Benny Hinn seinen luxuriösen Lebensstil finanzieren kann. Schließlich hat er einen Mercedes und einen Jaguar in seinem Wagenpark und logiert in teuren Hotel-Suiten.

Eigentlich ist es mir unverständlich, dass Menschen auch heute noch auf solche angeblichen Wunderheiler hereinfallen. Welcher Kranke, der unter seiner Krankheit seufzt, gerät hier nicht in Versuchung, sich solchen Heilern anzuvertrauen? Was soll man davon halten?

---

[45] 1. Juli 2001.

In der Landeskirche ist es recht still um die Frage der Glaubensheilung geworden. Andere Gruppen aus dem Bereich des New Age und der Esoterik oder aus extremen religiösen Sondergruppen sind in diese Lücke gesprungen.

Im kirchlichen Bereich wurde dieses Thema bisher eher stiefmütterlich behandelt. Heute versuchen Einzelne auch im landeskirchlichen Bereich wieder stärker, die Bedeutung der Fürbitte zu entdecken und sogenannte Segnungsgottesdienste abzuhalten. Vermutlich spielt da auch der als Predigttext gelesene Bibeltext aus dem Jakobusbrief eine Rolle. Wird da im Namen Jesu Glaubensheilung propagiert? Ich glaube nein. Glaubens*stärkung* ja, aber Glaubens*heilung* nein.

Können wir das, was uns Jakobus hier vorschlägt, heute innerhalb unserer Volkskirche einfach so praktizieren? Sind wir nicht viel zu aufgeklärt dazu? Man muss doch die Theologie des Jakobusbriefes zumindest an den anderen neutestamentlichen Schriften prüfen, insbesondere an dem, was der Apostel Paulus sagt. Und da erinnern wir uns doch gleich an den Ausspruch Martin Luthers, der den Jakobusbrief eine "stroherne Epistel" nannte, weil er angeblich für Werkgerechtigkeit plädiert und damit die Theologie des Paulus auf den Kopf stellt. Hat unser Predigttext uns also heute nichts mehr zu sagen? Ja sogar der bekannte Schweizer reformierte Theologe Karl Barth nennt ihn einen "merkwürdigen" Text. Was hat dieser merkwürdige Text uns heute noch zu sagen?

Die zentrale Aussage unseres Textes lautet: *Wir dürfen Gott um Heilung bitten, aber zwingen lässt sich Gott nicht. Er wird den Kranken aufrichten, wird dem Kranken wieder neuen Mut geben, mit seinem schweren Los fertig zu werden. Der Kranke gehört zur Gemeinde und ist nicht mit seiner Krankheit allein gelassen.*

In einem Büchlein habe ich über Erfolge und Misserfolge von sogenannten Glaubensheilungen gelesen. Für die Misserfolge gibt der Seelsorger *eine* Ursache an, die mir theologisch äußerst wichtig erscheint: "Das unerforschliche Schweigen Gottes." Der Verfasser schreibt: "Wir werden es in Demut eingestehen müssen, dass über einem Rest unseres Suchens und Fragens das souveräne Schweigen Gottes liegt, dem wir uns ergeben zu beugen haben."

Gott lässt sich nicht zwingen. "Viel vermag das inständige Gebet eines Gerechten", heißt es im Jakobusbrief. Es heißt im Text "viel" und nicht alles. Gott kann auch ein inständiges Gebet mit Schweigen beantworten.

In unserem Bibelabschnitt gibt Jakobus Anweisungen für verschiedene Lebenslagen. Eine davon ist das Verhalten bei Erkrankung. Wenn jemand richtig krank ist und bettlägerig ist - das dürfte mit dem benützten griechischen Ausdruck gemeint sein -, dann soll er die Ältesten der Gemeinde rufen. Es ist also der Kranke, der diesen Wunsch zu äußern hat. Zum Kranken sollen auf seinen Wunsch hin nicht irgendwelche Christen kommen, sondern die Repräsentanten der Gemeinde in Form der Ältesten. Aber nicht die Ältesten können den Kranken retten und ihn aufrichten, sondern nur der Herr kann dies.

Hier zeigt sich bereits ein krasser Unterschied zwischen dem Heilungsverständnis des Jakobusbriefes und dem heutiger Wunderheiler. Bei Jakobus bewirkt Gott allein die Aufrichtung des Kranken und das kann Heilung bedeuten, muss es aber nicht. Die Ältesten haben keinerlei heilende Kräfte. Sie haben lediglich dienende Funktion. Sie vertreten die Gemeinde und schützen den Kranken davor, dass nicht jeder X-beliebige sich als Heiler ausgibt. Der Kranke wird gerettet und aufgerichtet und nicht unbedingt geheilt.

Rettung kann doch auch heißen, leben lernen mit den Dingen so, wie sie nun eben sind.

Bei den heutigen Geistheilern ist es ganz anders. Das Wunderpulver oder die besonderen Kräfte des Heilers bewirken die Heilung. In einem ganzseitigen Inserat heißt es: "Dieses Angebot macht Ihnen kein Arzt oder Spital! Garantie! Ihre Leiden MÜSSEN weg, oder Sie bezahlen NICHTS!" Hier zeigt sich noch ein anderes Charakteristikum heutiger Geistheiler. Das Ganze ist mit hohen finanziellen Kosten verbunden. Die Energie des Heilers wird auf Kosten des Kranken in blanke Münze umgesetzt.

Unser Predigttext tönt da schon anders. Die Ältesten sollen über dem Kranken beten. Der Kranke soll mit Öl gesalbt werden. Die Ölsalbung wird als religiöse Handlung verstanden werden müssen. Denn die Ölsalbung darf nicht losgelöst werden vom "im Namen des Herrn". Die Salbung hat nur wirkende Kraft in Verbindung mit dem Namen des Herrn. Das Öl selbst hat keinerlei heilende Wirkung.

Das gläubige Gebet wird den Kranken retten. Wir müssen hier den Bibeltext genau lesen. Es scheint mir nicht von ungefähr zu sein, dass Jakobus hier sehr vorsichtig formuliert. Er sagt: *"Das gläubige Gebet wird den Kranken retten"*, und *nicht* wird den Kranken *heilen*. Dass Jakobus hier das Wort retten benutzt und nicht heilen, ist wichtig. Im letzten Vers unseres Predigttextes, wo es um das gegenseitige Sündenbekenntnis geht, benützt er nämlich das Wort "heilen". Das heißt doch, wir dürfen Gott um Heilung bitten, aber zwingen lässt sich Gott nicht. Wie Gottes Antwort auf das "gläubige Gebet" aussieht, lässt Jakobus bewusst offen. Das Gebet wird ihn retten. Wohl darf man davon ausgehen, dass dieses "Retten" auch ein Heilen einschließen kann, aber es muss es nicht.

Dies scheint mir sehr wichtig zu sein. Bei aller Hoffnung auf Heilung können wir nicht in das souveräne Handeln Gottes eingreifen. Wer das vorgibt, macht aus Gott einen Götzen. Gott lässt sich von uns Menschen nicht zwingen.

Das gläubige Gebet wird den Kranken retten, und der Herr wird ihn aufrichten. Dieser Bibelvers weist jeglichen Übereifer der Ältesten in die Schranken. Nicht die noch so inständig betenden Ältesten sind es, die den Kranken aufrichten werden, sondern der Herr ist es.

Zeigt sich in unserem Text nicht Jakobus als weiser Seelsorger? Einmal soll das Gebet des Glaubens um Heilung durch die Ältesten nur dann ausgeführt werden, wenn der Kranke es wünscht. Zum anderen scheint mir die Bindung dieser Handlung an die Ältesten und damit an die Gemeinde ein gewisser Schutz zu sein. Nicht jeder, der sich gerade dazu berufen fühlt, soll den Kranken mit Öl salben und mit ihm beten, sondern es müssen die offiziellen Repräsentanten der Gemeinde sein. Die Gemeinde bietet eher Gewähr dafür, dass *"keinem vorschnell die Hände aufgelegt werden"*, wie es in 1. Timotheus 5,22 heißt.

Der Herr wird den Kranken aufrichten. Ist damit wohl die seelische "Aufrichtung" des Kranken gemeint? Ein Ausleger formuliert es so: "Der Herr gibt dem Kranken Kraft und Stärke zur seelischen Bewältigung seines Leidens."

Als weitere Verheißung schließt Jakobus in einem Nachsatz an: *"Wenn (der Kranke) Sünden begangen hat, werden sie ihm vergeben."* Vertritt Jakobus hier die in Teilen des Alten und Neuen Testaments verbreitete Ansicht, wonach Krankheit eine Folge von Sünde sei? Keineswegs. Dieser Zusammenhang besteht nicht in jedem Fall. Es gibt unverschuldetes Leiden. Das muss ganz deutlich gegen heutige Esoterikvorstellungen gesagt werden. Gegen dieses Denken, wonach in jedem Fall ein Zusammenhang zwischen einer bösen Tat und der Krankheit besteht, hat im Alten Testament Hiob[46] und der Verfasser von Psalm 73[47] angekämpft. Dagegen hat sich auch Jesus gewandt, als er bei der Heilung des Blindgeborenen in Johannes 9[48] diesen Zusammenhang klar ablehnte.

Jakobus fügt diesen Satz bei, für den Fall, dass der Kranke Sünden begangen hat. Dann werden auch sie ihm vergeben werden. Krankheit und Sünde müssen aber in keinem notwendigen Zusammenhang stehen. Keineswegs können nur "Sünder" das Gebet des Glaubens empfangen. Dass sündiges Verhalten zu Krankheit führen kann, möchte Jakobus hier gar nicht grundsätzlich ausschließen. Aber bei jeder Erkrankung einen Kausalzusammenhang zwischen Sünde und Erkrankung herstellen zu wollen, wäre unbiblisch und unmenschlich. Christus ist für unsere Verfehlungen gestorben. Er vergibt sie uns.

Das Gebet des Glaubens vermag viel aber nicht alles. Es vermag den Kranken aufzurichten und damit sicher auch eine Besserung seines Krankheitszustands zu bewirken. Aber Gott lässt sich nicht zwingen. Wenn wir uns dessen bewusst sind, dann können wir den Kranken vor Enttäuschungen bewahren. Das Gebet wird den Kranken retten. Aber wie diese Rettung konkret aussehen wird, das weiß nur Gott. Diese Offenheit gegenüber Gottes Handeln drückt auch die folgende Liedstrophe aus, mit der ich schließen möchte: *"Ihn, ihn lass tun und walten; er ist ein weiser Fürst und wird sich so verhalten, dass du dich wundern wirst."*[49]

---

[46] Siehe die Predigten „Zum Klatsch bin ich geworden“ (Hiob 30,9) und „Warum bleiben die Frevler am Leben?“ (Hiob 21,7-21).
[47] Siehe die Predigt: Das „Dennoch“ des Glaubens (Psalm 73).
[48] Siehe die Predigt: Krankheit als Folge von Sünde und Schuld? (Johannes 9,1-7).
[49] Befiehl du deine Wege, Strophe 8, Paul Gerhardt (1653).

„Wo immer Sie sind. Wir sind für Sie da.“[50]

Kürzlich sah man in Winterthur grosse Schwarz-Weiß-Plakate der Winterthur Versicherungen. Eines ist mir auf meiner Fahrt in den Adlergarten besonders ins Auge gesprungen. Da war eine Holzbrücke zu sehen, die über einen riesigen Fluss führte. Betrachtete man die Brücke näher, so war sofort klar, dass dieses Foto nicht aus der Schweiz stammen konnte. Die Bretter der Brücke waren nicht millimetergenau zurecht gesägt. Das Ganze machte eher einen improvisierten Eindruck. So eine Brücke würde in der Schweiz niemals von der Baubehörde abgenommen und die Schweizerische Unfall-Versicherungsanstalt (SUVA) würde sofort dagegen Einspruch erheben.

Ich weiß nicht, aus welchem Entwicklungsland das Foto dieser einfachen Holzbrücke stammt. Ich würde mich aber sehr unwohl fühlen, wenn ich über diese Brücke gehen müsste. Mir fehlte ein sicheres Geländer, das mir Halt geben würde, wenn ich auf der schwankenden Brücke das Gleichgewicht verlieren würde.

Hier setzen nun die Winterthur Versicherungen mit ihrer Werbung an. Während das Foto bewusst ganz in Schwarz-Weiß gehalten ist, sieht man auf beiden Seiten der wackligen Holzbrücke ein Seil, das vom einen Ufer zum anderen gespannt ist. Dieses Seil gibt einem eben diesen Halt, wenn man in Gefahr steht, das Gleichgewicht zu verlieren. Dieses Seil auf dem Foto ist nun vom Grafiker farbig eingefärbt worden, und zwar in der Hausfarbe der Winterthur Versicherungen nämlich orange. Das orangefarbene Seil hebt sich ganz deutlich vom Rest des Schwarz-Weiss-Fotos ab. Unterstrichen wird das Ganze noch durch den Werbe-

[50] 11. Dezember 2000.

spruch der Winterthur Versicherungen, welcher lautet: *„Wo immer Sie sind. Wir sind für Sie da."*

Gilt das nicht auch für Ihren Besuchsdienst als freiwillige Helferinnen? „Wo immer Sie sind. Wir sind für Sie da." Sie sind heute für unsere Bewohnerinnen und Bewohner da, wo immer sie auch sind. Sie gehen ein Stück weit mit ihnen über eine solche wackelige Holzbrücke. Aber zugleich sind Sie für die Menschen, die Sie besuchen, wie das orangefarbene Seil der Winterthur Versicherungen.

Wenn Menschen gut betreut werden und besucht werden, dann geraten sie nicht so leicht in Gefahr, das Gleichgewicht zu verlieren. Dann sind wir für sie wie das orangefarbene Seil der Winterthur Versicherungen. Das gibt unseren Bewohnerinnen und Bewohnern Halt.

Wäre das Adventsgesteck, das Sie anschliessend verteilen, von den Winterthur Versicherungen, dann müsste es orangefarben sein. Zum Glück stammt es von der Herz Jesu-Pfarrei und der Zwinglikirche und ist deshalb grün. Sie wollen ja damit Hoffnung vermitteln, denn es gilt: *„Wo immer Sie sind. Wir sind für Sie da."*

„Für alles gibt es eine Stunde.“[51]

Kohelet (Prediger) 3,1-9

„Für alles gibt es eine Stunde,
und Zeit gibt es für jedes Vorhaben unter dem Himmel:
Zeit zum Gebären
und Zeit zum Sterben,
Zeit zum Pflanzen
und Zeit zum Ausreißen des Gepflanzten,
Zeit zum Töten
und Zeit zum Heilen,
Zeit zum Einreißen
und Zeit zum Aufbauen,
Zeit zum Weinen
und Zeit zum Lachen,
Zeit des Klagens
und Zeit des Tanzens,
Zeit, Steine zu werfen,
und Zeit, Steine zu sammeln,
Zeit, sich zu umarmen,
und Zeit, sich aus der Umarmung zu lösen,
Zeit zum Suchen
und Zeit zum Verlieren,
Zeit zum Bewahren
und Zeit zum Wegwerfen,
Zeit zum Zerreißen
und Zeit zum Nähen,
Zeit zum Schweigen
und Zeit zum Reden,
Zeit zum Lieben
und Zeit zum Hassen,
Zeit des Kriegs
und Zeit des Friedens.
Welchen Gewinn hat, wer etwas tut, davon, dass er sich abmüht?“
((Neue) Zürcher Bibel)

Der Bibeltext aus dem Buch Kohelet möchte uns daran erinnern, dass das Sterben zum menschlichen Leben gehört.

---

[51] 28. Juni 2009.

In der Sprache des Predigers aus dem Alten Testament ausgedrückt heißt dies: „Für alles gibt es eine Stunde, und Zeit gibt es für jedes Vorhaben unter dem Himmel: Zeit zum Gebären und Zeit zum Sterben." Das wird uns ganz besonders in einem Pflegeheim bewusst, das für die meisten die letzte Station im Leben ist. Hier bleibt man meistens bis zur Stunde des Todes.

Das Buch Kohelet gehört zur alttestamentlichen Weisheit. Ohne Frömmelei werden dort menschliche Lebensweisheiten niedergeschrieben, die bis in unsere Zeit Gültigkeit haben. Das Buch Kohelet ist wohl eines der „weltlichsten" Bücher der Bibel. Aber dieser Aspekt gehört eben auch zur biblischen Tradition.

Kohelet ist ein Skeptiker. Er ist zugleich ein Realist. Er verschanzt sich nicht hinter frommen Sprüchen, sondern macht sich seine eigenen Gedanken. Es ist eine Art Lebensphilosophie, die uns helfen soll, die oftmals für uns unerklärbar scheinenden Gegensätze im Leben zu erklären. Im Leben verläuft nicht alles immer gradlinig. Schicksalsschläge zwingen uns Weggabelungen auf, die wir uns nicht selbst aussuchen. Auch der Tod ist und bleibt für uns etwas Rätselhaftes.

Wir können Gott nicht verstehen, wenn ein junger Mensch durch einen sinnlosen Unfall aus dem Leben gerissen wird. Wir haben Mühe damit, wenn Menschen durch Naturkatastrophen wie Erdbeben oder Flutwellen ihr Leben lassen müssen. Und es fällt uns genauso schwer, damit umzugehen, wenn jemand hochbetagt sterben möchte und es einfach nicht kann.

Und doch würden wir uns auf eine gefährliche schiefe Ebene begeben, wenn wir dieses Rätsel des Todes in die eigene Hand nehmen würden oder andere um Beihilfe bitten würden. Geboren werden und Sterben sind Ereignisse im Leben von uns Menschen, die wir nicht selbst in der Hand haben und das ist auch gut so. Hier ist auch der Gesetzgeber gefordert, dass mit dem Sterben kein Schindluder getrieben wird.

Dass Leben entsteht, ist letztlich ein Geschenk Gottes, auch wenn wir die biologischen Vorgänge, die zum Entstehen von Leben führen, durchaus kennen. Geburt und Tod stehen in Gottes Hand und wir müssen geduldig warten, bis alles seine Stunde hat, so wie es Kohelet formuliert.

Tod und Sterben sind Teil des Lebens in einem Pflegeheim. Pflegeheime haben zwar in der Öffentlichkeit leider oftmals ein schlechtes Image. Ich sage manchmal scherzhaft: „Ich arbeite an einem Ort, wo niemand hin will, und wo alle wissen, dass es ihn braucht." Das ist doch die Realität. Und doch sollten wir Klischees aufgeben, welche falsche Bilder von Pflegeheimen zeigen.

Bei allem Schweren in einem Pflegeheim gibt es doch auch all die schönen Momente, wo man herzhaft lachen und sich des Lebens freuen kann. Alle Mitarbeiterinnen und Mitarbeiter versuchen doch ihr Möglichstes, um den Bewohnerinnen und Bewohnern das Leben hier so angenehm wie möglich zu machen. Da werden die Korridore geschmackvoll je nach Jahreszeit dekoriert. Da stehen Blumen auf den Tischen. Da werden Spiele gemacht. Da versucht man in der Aktivierungstherapie die Fähigkeiten, die noch da sind, zu erhalten. Da wird in der Physiotherapie trainiert, damit die Muskeln nicht erlahmen.

Das soll trotzdem nicht darüber hinwegtäuschen, dass unser Leben sich zwischen Wiege und Bahre abspielt und man in einem Pflegeheim eben näher der Bahre als der Wiege ist.

Auch in unserem Bibeltext wird nichts beschönigt. Der „Prediger", wie

Martin Luther das hebräische Wort Kohelet übersetzt hat, ist ein Realist. Er beschönigt nichts. Er weiß ums Leben, das von der Geburt und vom Tod eingerahmt wird. Was sich innerhalb dieses Rahmens abspielt, das steht nicht allein in unserer Hand. Das steht auch in Gottes Hand. Das können wir auch nicht einfach so beeinflussen. Da spielt auch das Schicksalhafte mit, das unserer freien Entscheidung entzogen ist.

Kohelet zeigt die Gegensätze auf, die unser Lebensschicksal prägen und uns auch oftmals fast daran verzweifeln lassen.

Aber in dieser Spannung verläuft doch unser Leben. Da pflanzen wir und hegen die Pflanze, damit sie schön wächst. Und plötzlich ist die Zeit da, diese Pflanze wieder auszureißen.

"Töten hat seine Zeit, heilen hat seine Zeit." Der Prediger möchte damit sicher nicht das Töten verherrlichen. Aber er weiß um den Menschen und die Realität des Krieges. Heilen hat seine Zeit. Wunden, die uns zugefügt worden sind, sollen ausheilen.

Abbrechen hat seine Zeit, bauen hat seine Zeit. Weinen hat seine Zeit, lachen hat seine Zeit. Klagen hat seine Zeit, tanzen hat seine Zeit.

Der „Prediger“ aus dem Alten Testament will uns trösten, wenn er uns aufzeigt, dass das Leben in dieser Polarität steht. Klagen hat seine Zeit, tanzen hat seine Zeit. In der Klage über den Verlust eines Menschen darf auch die Dankbarkeit für das Leben dieses Menschen mit hineinfließen. Zur Klage gehören doch auch all die schönen Erinnerungen des Lebens.

Kohelet fordert uns Menschen auf, zu essen, zu trinken und uns des Lebens zu erfreuen. Das muss auch für die Bewohnerinnen und Bewohner in Pflegeheimen gelten. Aber wir wissen alle um die heutigen hohen

Pflegekosten. Hier müssen wir unsere Parlamentarier in die Pflicht nehmen. Sie müssen sich Gedanken machen, wie wir langfristig die Pflegekosten finanzieren können, damit sich die Menschen, die ein Leben lang hart gearbeitet und Steuern bezahlt haben, auch im Alter des Lebens erfreuen können und nicht das Gefühl haben müssen, anderen finanziell zur Last zu fallen.

Auch der auf Pflege angewiesene Mensch hat seine Würde und das bis zum letzten Atemzug. Die finanziellen Mittel für die Pflege müssen meines Erachtens auf dem politischen Weg geschaffen werden etwa in Form einer Pflegeversicherung, in die Jung und Alt ein Leben lang einzahlen. Derjenige, der im Alter nie pflegebedürftig wird, darf sich freuen, wenn er keine Mittel von so einer Versicherung benötigt. Und derjenige, der finanzielle Mittel wegen Pflegebedürftigkeit benötigt, muss kein schlechtes Gewissen haben und sich vorig vorkommen, denn er hat ja auch finanziell dazu beigetragen.

Im 4. Kapitel des Buches Kohelet kritisiert Kohelet die sozialen Missstände von damals, die es Menschen unmöglich machen, ihr Leben zu genießen. Er würde sicher heute unsere Politiker an ihre nicht gemachten Hausaufgaben hinsichtlich der Pflegefinanzierung erinnern.

Unser Leben spielt sich ab zwischen geboren werden und sterben. In den Worten von Kohelet hat alles seine Zeit und seine Stunde. Wann für jeden von uns diese Stunde schlägt, das steht nur in Gottes Hand und nicht in unserer. Aber wir dürfen darauf vertrauen, dass wir auch in der Stunde des Sterbens in Gottes Hand geborgen sind, und umsorgt von liebevollen Menschen.

„Manutherapie"[52]

Als ich kürzlich an einem Sterbebett gesessen bin und dem Bewohner die Hand gehalten habe, habe ich darüber nachgedacht, was das Wort Seelsorge eigentlich konkret bedeutet. Die Seele kann man ja nicht sehen. Wie soll ich jemand Außenstehendem beschreiben, was ich eigentlich mache und vor allem, für was ich mit Ihren Kirchensteuern bezahlt werde.

Da habe ich realisiert, dass Seelsorge sehr viel mit den Händen zu tun hat. Die Hand eines Sterbenden halten ist etwas anderes als Händchen halten.

Ich leihe dem Anderen meine Hand. Ein Händedruck kann so viel bedeuten. Seelsorge muss also Hand und Fuß haben.

Auf meinem Namensschild steht „Seelsorger". Klingt das nicht etwas abgegriffen und altmodisch? Wenigstens sollte es heute in unserer sich ständig reorganisierenden „World" Englisch klingen oder zumindest Lateinisch. Novartis, auf Deutsch „der neuen Kunst zuliebe", hat sich ein Chemiekonzern nach einem Zusammenschluss genannt, um den Börsenspekulanten geschickt zuvor zu kommen, und ein Zusammenschluss von Banken in der Region nennt sich jetzt Clientis „dem Kunden zuliebe".

Also dachte ich, muss auch ich einen neuen lateinisch klingenden Namen für mein Tun erfinden. Die Hand heißt auf Lateinisch „manus". Warum sollte ich mich nicht in Zukunft statt Seelsorger einfach Manutherapeut nennen? Und auf mein Visitenkärtchen, das ich nicht besitze, könnte ich als Berufsbezeichnung „Manutherapeut SEF" schreiben. Manutherapeut ohne das SEF würde nicht professionell genug klingen. Aber

[52] 10. April 2006.

wofür steht denn das SEF? Dahinter steht kein anerkannter schweizerischer Berufsverband, der seine Leistungen mit Taxpunkten über die Krankenkasse abrechnen kann. Sowohl das Wort Manutherapeut wie SEF habe ich frei erfunden und das SEF heißt „Spiritueller Energie Fluss". Das tönt doch professionell. Wenn ich jemand die Hand halte, dann komme ich nicht mit leeren Händen zu ihm. Dann strömt meine spirituelle Energie durch meine Hand zu seiner Hand.

Leider haben wir heute schon den 10. April und nicht den 1. April, denn das Ganze tönt schon ein wenig nach Aprilscherz. Sie können den humorvollen Titel „Manutherapeut SEF" gerade wieder vergessen.

Aber was Sie nicht vergessen sollen, ist, dass Sie jetzt bald für unsere Bewohnerinnen und Bewohner so etwas wie Manutherapeutinnen werden sollen. Damit das Ganze nämlich Hand und Fuß hat, müssen Sie zu Fuß auf die Zimmer gehen, mit der Hand anklopfen (oder besser mit dem abgewinkelten Zeigefinger) und dann die Bewohnerinnen und Bewohner von Hand begrüßen.

Und weil uns der Herrgott mit zwei Händen geschaffen hat, müssen Sie diesmal nicht wie im Herbst mit leeren Händen erscheinen. Eine Hand ist ja noch frei für das Blumenstöcklein, das Sie als Ostergruß der Herz Jesu-Pfarrei und der Zwinglikirche überreichen dürfen.

Da wir es schon als Kinder gelernt haben, jemandem mit der rechten Hand die Hand zu geben, bleibt ihre linke frei für den Ostergruß. Da kann man dann wirklich sagen, die linke kommt von Herzen.

Als Manutherapeutinnen müssen Sie natürlich nicht schweigen, auch wenn einige unserer Bewohnerinnen und Bewohner nur noch dies können. Ein Schlaganfall oder Ähnliches hat ihnen die Sprache geraubt.

Aber ein Händedruck einer freiwilligen Manutherapeutin (noch ist der Begriff nicht rechtlich geschützt, sie kommen also nicht in Konflikt mit der Gewerkschaft der Manutherapeuten), ein Händedruck kann so viel bedeuten.

Ich bin froh, dass ich mit meinem Manuskript jetzt bald zu Ende bin, obwohl das Manuskript nicht mehr mit der Hand (manus) geschrieben worden ist, sondern mit dem Computer. Und so verabschiede ich mich am Schluss von Ihnen mit einem manuellen Händedruck und freue mich, wenn Sie wieder im Herbst zum Besuchsmorgen in den Adlergarten kommen werden, auch wenn es dann wieder mit leeren Händen sein wird.

In Gottes Hand geborgen[53]

Römer 8,38+39

„Denn ich bin dessen gewiss, dass weder Tod noch Leben, weder Engel noch Gewalten, weder Gegenwärtiges noch Zukünftiges, noch Kräfte, weder Hohes noch Tiefes, noch irgendein andres Geschöpf uns zu scheiden vermag von der Liebe Gottes, die in Christus Jesus ist, unsrem Herrn" (Zürcher Bibel).

Der verstorbene Berner Chansonnier Mani Matter vergleicht in einem seiner Lieder das Leben symbolisch mit einer Straße, die zum Friedhof führt. Mani Matter war sich bewusst, dass auch er an dieser Straße wohnt. In seinem Chanson freut er sich darüber, dass er noch den Himmel sehen kann, dass sein Bett noch kein Holzdach hat. Doch die Straße, an der er wohnt, ist keine gewöhnliche Straße. Es ist eine Sackgasse und endet am Friedhof. Zwar ist es eine Sackgasse. Doch auch in einer Sackgasse gibt es ein zurück. Aber Mani Matter wusste genau, dass eines Tages diese Straße für ihn nicht nur eine Sackgasse sein würde, sondern eine Einbahnstraße. Für Mani Matter selbst ist diese Sackgasse bereits vor Jahren auf der Autobahn bei Kilchberg zur Einbahnstraße geworden. Mani Matter war sich zu Lebzeiten bewusst, dass der Tod zum Leben gehört. Wann für jeden von uns aus dieser Sackgasse zugleich eine Einbahnstraße wird, das steht letztlich in Gottes Hand.

Heute ist der letzte Sonntag im Kirchenjahr. Er wird Ewigkeitssonntag genannt, weil an diesem Tag besonders der Menschen gedacht wird, die bereits aus der Zeit in die Ewigkeit eingegangen sind. Wir denken heute auch besonders der Menschen, die Tränen in den Augen haben, weil

[53] 21. November 1999 (Ewigkeitssonntag).

eine ihnen nahestehende Person verstorben ist. Trauer befällt uns, wenn wir Abschied nehmen müssen, auch wenn wir darum wissen, dass wir ja alle an der Straße wohnen, die zum Friedhof geht.

Martin Luther drückt diesen Gedanken in einem Kirchenlied so aus: "Mitten wir im Leben sind mit dem Tod umfangen." Wir wissen es vielleicht, dass der Tod zum Leben gehört. Und doch haben wir Mühe damit. Wie gerne möchten wir diesen Gedanken verdrängen. Es heißt doch, das Leben sei "der Güter Höchstes". Für viele von uns trifft das vielleicht zu. Einige andere stimmen vielleicht dem russischen Schriftsteller Leo Tolstoi zu, der sagte: "Ich hasse das Leben aber ich fürchte mich vor dem Sterben." Sicher steckt die Angst vor dem Sterben, die Angst vor dem Tod mehr oder weniger ausgeprägt in uns allen. Möglicherweise können wir uns noch damit abfinden, dass irgendwann einmal unser eigener Tod auf uns zukommt. Aber der bereits erlebte Verlust eines uns lieben Menschen und der Gedanke, dass Trennung unvermeidbar ist, macht uns oft noch viel mehr zu schaffen.

Auch die Menschen, die uns in der Bibel begegnen, kennen diese Ängste. Ich möchte mit Ihnen einige Gedanken des Apostels Paulus betrachten, die uns sowohl in unserer Situation als sterbliche Menschen als auch als trauernde Menschen ansprechen können. Besonders Paulus hat viel über die Frage des Todes und der Auferstehung nachgedacht. Für ihn ist das Leben keineswegs "der Güter Höchstes". Er kann aus dem Gefängnis an die Gemeinde in Philippi schreiben: *"Ich sehne mich danach, aufzubrechen, und bei Christus zu sein."* Und in einem Nachsatz kann er dann sagen: *"Aber euretwegen ist es notwendiger, dass ich am Leben bleibe."* (Philipper 1,23+ 24).

Der Tod ist für Paulus etwas durchaus Reales. *"Täglich sehe ich dem Tod ins Auge"*, kann er in einem anderen Brief sagen (1. Korinther 15,31). Dem Sterben ist nach Paulus die Bedeutung genommen: *"Leben wir, so leben wir dem Herrn, sterben wir, so sterben wir dem Herrn. Ob wir leben oder ob wir sterben, wir gehören dem Herrn. Denn Christus ist gestorben und lebendig geworden, um Herr zu sein über Tote und Lebende."* (Römer 14,8+9)

Und wenn Paulus über das Leben der Christen im Geist schreibt, kann er sagen: *"Wenn der Geist dessen in euch wohnt, der Jesus von den Toten auferweckt hat, dann wird er, der Christus Jesus von den Toten auferweckt hat, auch euren sterblichen Leib lebendig machen, durch seinen Geist, der in euch wohnt."* (Römer 8,11).

Paulus hält an der Auferstehung der Toten fest. Wie sie aussehen wird, darin übt Paulus vorsichtige Zurückhaltung. Aber eines sagt Paulus mit Bestimmtheit und das ist das Thema unseres anfangs gelesenen Predigttextes. Er ist fest davon überzeugt, dass wir sowohl im Leben als auch im Sterben in der Hand Gottes sind. Der Apostel Paulus möchte uns Mut machen, uns der Liebe Gottes im Leben wie im Tod anzuvertrauen. *"Denn ich bin dessen gewiss, dass weder Tod noch Leben, weder Engel noch Gewalten, weder Gegenwärtiges noch Zukünftiges, noch Kräfte, weder Hohes noch Tiefes, noch irgendein andres Geschöpf uns zu scheiden vermag von der Liebe Gottes, die in Christus Jesus ist, unsrem Herrn."*

Auch als Christen sind wir den Mächten und Gewalten ausgeliefert. Wir werden davor nicht bewahrt. Aber letztlich gewinnen sie nicht die Oberhand. Sie können uns nicht von Gott trennen. Paulus erinnert uns daran, dass auch der Glaubende den Tod auf sich zu nehmen hat, dass der

Tod zum Leben gehört. Aber der Tod hat für den Christen etwas von seiner Bedrohlichkeit verloren. Wir wissen, dass wir auch im Tod von der Liebe Gottes umschlossen sind. Auch im Tod und über den Tod hinaus sind wir in Gottes Hand geborgen.

Dieses Wissen der Geborgenheit in Gott macht das Sterben nicht unbedingt leichter, aber es gibt uns eine Hoffnung, die über den Tod hinausgeht. Wir dürfen uns der Liebe Gottes im Leben wie im Tod anvertrauen. Diese Hoffnung steht ja auch im Zentrum der Psalmverse aus Psalm 126, die ich als Gebet gelesen habe: *"Die mit Tränen säen, / werden mit Freuden ernten. Sie gehen hin und weinen / und tragen edlen Samen. Und kommen mit Freuden / und bringen ihre Garben."* Weil Gott keinen Trennungsstrich zwischen sich und uns macht, deshalb dürfen sich auch die Tränen von trauernden Menschen in Freude verwandeln.

Der Psalmdichter von Psalm 126 wusste noch nicht, was wir heute wissen. Die Hoffnung, die über den Tod hinausgeht, hat letztlich ihre Wurzel in Jesus Christus. Jesus hat den Tod am eigenen Leib erlebt. Auch für ihn war der Tod nichts Leichtes. Im Todeskampf kann er den Ruf ausstoßen: *"Mein Gott, mein Gott, warum hast du mich verlassen?"* Jesus musste am Kreuz sterben. Aber Gott hat ihn nicht im Tod gelassen, er hat ihn auferweckt.

Etwas von dieser Veränderung hat der schwarze Bürgerrechtskämpfer und Pfarrer Martin Luther King begriffen, wenn er schreibt: *"Gott will das dunkle Gestern in strahlenden Morgen verwandeln, zuletzt in den leuchtenden Morgen der Ewigkeit."* Trotz dieser Hoffnung sind jedoch Trauer und Tränen legitim und nötig. Auch wenn Gott einmal alle Tränen abwischen wird, wie es in den Visionen der Offenbarung des Johannes heißt, dürfen jetzt noch Tränen fließen. Jörg Zink drückt dies so aus: "Die

Trauer will nicht abgestreift, sondern durchwandert sein. Trauernde erscheinen oft wie abwesend, wie schlafend, und sie sind es auch: Ihre Seele hat eine andere Aufgabe; sie wacht an einem tiefen, dunklen Ort."

Die anfangs gelesenen Bibelverse aus dem 8. Kapitel des Römerbriefes sind für mich persönlich *die* christliche Antwort auf die Frage nach Sterben und Tod. *"Denn ich bin dessen gewiss, dass weder Tod noch Leben, weder Engel noch Gewalten, weder Gegenwärtiges noch Zukünftiges, noch Kräfte, weder Hohes noch Tiefes, noch irgendein andres Geschöpf uns zu scheiden vermag von der Liebe Gottes, die in Christus Jesus ist, unsrem Herrn."* Trauer ist trotz dieser Gewissheit angebracht und das Sterben wird trotz dieser Gewissheit auch für den Christen nicht leicht sein. Sterben bedeutet sich Fallenlassen. Und sich Fallenlassen ist mit Angst verbunden. Aber wir haben als Christen die Gewissheit, dass wenn wir uns fallen lassen, wir in die Hand Gottes fallen. Und das ist Trost für den, der nach langem Leiden sterben darf und für den, der mitten aus dem Leben gerissen wird. Es ist auch Trost für den, der einen geliebten Menschen verloren hat. Auch im Sterben und im Tod können wir nicht weiter fallen als bis in Gottes Hand. Und da sind wir geborgen.

Ich möchte mit einem Text von Arno Pötzsch schließen, der diesen Gedanken ausdrückt: *"Du kannst nicht tiefer fallen / als nur in Gottes Hand, / die er zum Heil uns allen / barmherzig ausgespannt. Es münden alle Pfade / trotz Schicksal, Schuld und Tod / doch ein in Gottes Gnade / trotz aller unsrer Not. Wir sind von Gott umgeben / auch hier in Raum und Zeit / und werden sein und leben / in Gott in Ewigkeit."* [54]

[54] Nr. 698. Gesangbuch der Evangelisch-reformierten Kirchen der deutschsprachigen Schweiz, Basel und Zürich 1998.

"Dass du wieder jung wirst wie ein Adler."[55]

Psalm 103,5

"Lobe den Herrn, meine Seele, / und alles in mir seinen heiligen Namen! Lobe den Herrn, meine Seele, / und vergiss nicht, was er dir Gutes getan hat:
der dir all deine Schuld vergibt / und all deine Gebrechen heilt,
der dein Leben vor dem Untergang rettet / und dich mit Huld und Erbarmen krönt,
der dich dein Leben lang mit seinen Gaben sättigt; / wie dem Adler wird dir die Jugend erneuert." (Einheitsübersetzung)

Soeben haben wir gesungen: "Lobe den Herren, der alles so herrlich regieret, der wie auf Flügeln des Adlers dich sicher geführet."[56]

Ich habe dieses Lied gewählt, weil wir uns einerseits im *Adler*garten befinden und zum anderen, weil mir das Bild vom Adler sehr viel sagt.

Meine Großmutter ist sehr alt geworden und sie hat gern gelebt. Sie war eine gläubige Frau und kannte ihre Bibel und vor allem die Psalmen gut.

Ich kann mich noch daran erinnern, dass sie immer wieder Psalm 103 zitiert hat in der alten Lutherübersetzung, wo es heißt, *"dass du wieder jung wirst wie ein Adler"*. Sie hat immer wieder im Stillen gehofft, dass sie wieder jung werde wie ein Adler.

Ich war damals 15 oder 16 und verstand nicht so recht, was meine greise Oma damit meinte. Mit 87 wird man doch nicht wieder jung.

---

[55] 23. Oktober 2011 (Abschiedsgottesdienst).
[56] Lied: Lobe den Herren, den mächtigen König der Ehren, Strophe 2, Joachim Neander (1680).

Meine Oma verbrachte ihren Lebensabend bei uns, hatte in den letzten Lebensjahren hochgradig Arterienverkalkung - wie man Alzheimer damals nannte - und lebte trotzdem gern. Wenn Besuch kam, brachten sie ihr oft ein Kalbsschnitzel als Geschenk mit. Meine Mutter bereitete es ihr dann zu. Dann leuchteten ihre Augen, denn das hatte meine Großmutter sehr gern.

„*... dass du wieder jung wirst wie ein Adler*". Aber wie sollte meine Oma wieder jung werden wie ein Adler? Sie war doch Ende 80 und lag den ganzen Tag im Bett, und wenn sie auf den Nachtstuhl musste, so musste ich die gewichtige Frau mit meiner ganzen Kraft aus dem Bett hieven.

Ich verstand es damals nicht, warum meine Oma diesen Bibelvers vom Jungwerden wie ein Adler immer wieder sagte.

Heute verstehe ich es besser. Trotz ihres Alters, trotz ihrer Gebrechen lebte meine Großmutter gerne und genoss es, von uns umsorgt zu werden und manchmal auch den Feldwebel zu spielen und die ganze Familie zu tyrannisieren. Meine Oma liebte es, wenn Besuch kam, sie im Mittelpunkt stand, und die kleine Stube zum Bersten voll war.

Ich denke heute, dass meine Oma durchaus wusste, dass sie alt war und dass sie körperlich nicht wieder jung wie ein Adler werden würde. Trotzdem hielt sie an dieser Hoffnung fest.

Auch wenn wir die Uhr nicht zurückdrehen können und nur älter werden und nicht jünger, so können wir doch den Augenblick verjüngen.

Meine Oma wurde wieder jung wie ein Adler, wenn das zarte Kalbsschnitzel duftend auf ihrem Teller lag. Sie wurde wieder jung wie ein Adler, wenn jemand auf Besuch kam oder die Stube voll war.

Unsere Bewohnerinnen und Bewohner hier im Adlergarten wissen nur zu gut, dass sie körperlich nicht wieder jung werden wie ein Adler. Wir können ihnen nicht vorgaukeln, dass sie wieder jung werden wie ein Adler; auch nicht hier im *Adler*garten.

Und doch können wir alle dazu beitragen, dass sie sich jung wie ein Adler fühlen. Dazu braucht es keine Frischzellentherapie oder allerlei medizinische Wundermittel.

Wenn wir unsere Bewohnerinnen und Bewohner hier besuchen, wenn wir uns ihnen zuwenden, dann verjüngen sie sich. Dann leben sie wieder auf. Dann kommen Erinnerungen aus der Zeit wieder zum Vorschein, als sie tatsächlich noch jung wie ein Adler waren.

Mir gefällt das Bild von den Flügeln des Adlers auch aus einem anderen Grund sehr gut. Der Adler hat zwei Flügel. Um vorwärtszukommen, braucht er beide Flügel. Wenn der Adler nur mit einem Flügel fliegen würde, dann würde er nur immer im Kreis fliegen und nicht vorwärtskommen.

Ich habe während meiner 16 Jahre im Adlergarten zwei katholische Kolleginnen gehabt: Schwester Jutta Tessendorf und Pia Keller. Sie waren für mich wie der zweite Flügel. Wir sind immer gemeinsam "geflogen" und sind deshalb vorwärtsgekommen und sind nicht um uns selbst gekreist. Weil wir gemeinsam mit zwei Flügeln geflogen sind, haben wir gelebte Ökumene praktiziert. Dafür möchte ich den beiden danken.

Als mit "beiden Flügeln fliegende Seelsorgerinnen und Seelsorger" können wir unseren Bewohnerinnen und Bewohnern das Gottvertrauen vermitteln, das in Jesaja 40,31 formuliert wird:

"Die aber, die dem Herrn vertrauen schöpfen neue Kraft, sie bekommen

Flügel wie Adler. Sie laufen und werden nicht müde, sie gehen und werden nicht matt."

Das Bild vom Adler hat in der Bibel auch noch eine andere Bedeutung. In Deuteronomium 32,11 heißt es *"wie der Adler, der sein Nest beschützt und über seinen Jungen schwebt".* Als Seelsorgerinnen und Seelsorger haben wir die Aufgabe, das neue "Nest" unserer Bewohnerinnen und Bewohner im Adlergarten zu "schützen und schützend über ihnen zu schweben".

In meiner Jugend habe ich das Lied gehört "Auf Adlers Flügeln getragen". Dieses Lied kam mir immer wieder hier im *Adler*garten in den Sinn.

Im Internet habe ich den Text des Liedes gefunden und mit diesem Liedtext möchte ich schließen.

"Auf Adlers Flügeln getragen,
übers brausende Meer der Zeit,
getragen auf Adlers Flügeln,
bis hinein in die Ewigkeit,
über Berge und Täler und Gründe,
Immer höher zur himmlischen Höh',
die Flügel sind stark,
die mich tragen, die Flügel,
auf denen ich steh!

Ja, unter den Flügeln geborgen,
und auf den Flügeln bewahrt,
das gibt stets ein seliges Ruhen,
das gibt eine glückliche Fahrt.
Das gibt ein sicheres Wissen
bei wechselnder Pilgerschaft,
denn unter den Flügeln ist Frieden,
und unter den Flügeln ist Kraft." [57]

[57] Nr. 145. Neue Gemeindelieder, Kassel 1993. Anni von Viebahn (vor 1931).

"Und wer bist du?"

Wie Begegnung mit demenzkranken Menschen gelingen kann (ethische und seelsorgerliche Aspekte).[58]

"Was, so ein junges Ding will meine Mutter sein." Dieser Ausspruch meiner Großmutter ist für mich bis heute mein Schlüsselerlebnis beim Verständnis von Demenz.

Aber das ist schon lange her. Ich war damals 13 und meine Großmutter wohnte bei uns zuhause in derselben Wohnung. Sie hatte ihr eigenes Zimmer und immer viel Besuch.

Mit zunehmendem Alter zeigten sich bei meiner Großmutter Zeichen von Verwirrtheit. Sie, die Familien"matriarchin", die 7 Kinder großgezogen hatte und ihren Mann früh verloren hatte, gab den Ton auch in unserer Familie an. Ihre beginnende Verwirrtheit machte das Leben für uns alle nicht leichter.

Alois Alzheimer (1864-1915)

Die damalige Diagnose ihres Hausarztes war, unsere Großmutter habe Arterienverkalkung.

Arterienverkalkung war damals ein gängiger Begriff. Den Ausdruck Demenz kannte man noch nicht, und obwohl der Herr Alzheimer schon damals nicht mehr lebte, sprach man im allgemeinen Sprachgebrauch noch nicht von der alzheimerschen Krankheit. Die Symptome meiner Großmutter waren aber mehr oder weniger dieselben, die man heute der alzheimerschen Krankheit zuschreibt oder mit dem Oberbegriff Demenz beschreibt.

---

[58] Vortrag am Ökumenischen Januar-Forum 2011 zum Thema: „Demenz – Vom großen Vergessen" der Evangelisch-reformierten Kirchgemeinde Winterthur-Mattenbach und der Römisch-katholischen Pfarrei Herz Jesu Winterthur-Mattenbach am 21. Januar 2011.

Meine Großmutter lebte wegen ihrer "Arterienverkalkung" manchmal in der Vergangenheit. Obwohl damals bereits 87 Jahre alt, wollte sie immer wieder heim zu ihrer Mutter. Das war für uns als Familie sehr nervend, denn wir alle wussten ja, dass ihre Mutter längst gestorben war.

Manchmal gelang es uns, unsere Oma von diesem Gedanken an ihre Mutter wieder abzulenken, und wenn ihr ein feines Essen serviert wurde, dann vergaß sie plötzlich wieder die Sehnsucht nach ihrer Mutter.

Meine Schwester und ich waren viel bei unserer Großmutter im Zimmer besonders dann, wenn sie mit energischer Stimmgewalt rief, sie müsse auf den Nachttopf. Da sie eine wohlbeleibte Frau war, musste man ihr beim Aufstehen helfen und mit vereinten Kräften gelang es uns dann, sie auf den Nachtstuhl zu setzen.

Wenn wir ihr auf den Nachtstuhl geholfen hatten, war sie dankbar und herzlich zu uns. Aber dann konnte sich ihr Verhalten plötzlich wieder verändern. Immer wieder sagte sie dann im Befehlston, sie wolle zu ihrer Mutter.

Diesem Wunsch konnten wir nun beim besten Willen nicht entsprechen. Das unablässige Nachfragen nach ihrer Mutter und das noch in einem energischen Ton, nervte meine damals 16jährige Schwester einmal so sehr, dass sie in ihrer Verzweiflung zur Großmutter sagte: „Ich bin doch deine Mutter."

Das war nun anscheinend des Guten zu viel. Meine Großmutter richtete sich energisch in ihrem Bett auf und schrie in breitem Schwäbisch: **"Was, soa jonge Krott will mai Mueter sai."** Auf Schriftdeutsch übersetzt: Was, so ein junges Ding, will meine Mutter sein.

Dieses "Was, soa jonge Krott will mai Mueter sai." ist bis heute für mich mein Schlüsselerlebnis für das Verständnis von Demenz.

Obwohl meine Großmutter ja mit ihrem Verlangen nach ihrer Mutter in einer völlig irrealen Welt lebte, hat sie der verzweifelte Ausspruch meiner Schwester plötzlich wieder in die nackte Realität zurückgeholt. Das konnte doch nicht sein, dass ihre 16jährige Enkelin ihre Mutter sein könne.

Realität und Irrealität

Ein typisches Zeichen einer Demenzerkrankung ist für mich dieses ständige Kippen in die Welt des völlig Irrealen (bei einer 87jährigen lebt mit größter Wahrscheinlichkeit die Mutter nicht mehr) und dann wieder zurück in die harte Tagesrealität (eine 16jährige kann nicht die Mutter einer 87jährigen sein).

Das bringt uns zu einer ersten entscheidenden Erkenntnis. **Eine Demenzerkrankung zeigt sich nicht automatisch 24 Stunden am Tag, sondern es ist ein ständiges Hin- und Herkippen zwischen der irrealen Fantasiewelt und der harten Tagesrealität**.

Das ist meines Erachtens der große Unterschied zu anderen Krankheiten wie etwa einer Lähmung. Wenn ein Arm gelähmt ist, dann ist er leider 24 Stunden am Tag gelähmt und nicht phasenweise benutzbar und dann wieder nicht. Demenz hingegen tritt phasenweise auf und dann kann sie wieder wie weggeblasen sein. Das macht es auch so schwierig, mit ihr umzugehen. Bei demenzkranken Menschen wissen wir nie von vornherein, ob sie sich jeweils in der Welt der Irrealität oder der Realität bewegen.

Im praktischen Umgang heißt dies also, dass wir in der Begegnung mit demenzkranken Menschen grundsätzlich davon ausgehen sollen, dass sie sich jetzt gerade in der Phase der Realität befinden. Das gebietet der Respekt und das sind wir ihnen schuldig. Wenn wir dann im Gespräch bemerken, dass sie sich in der Phase der Irrealität befinden, dann braucht es enormes Fingerspitzengefühl, damit umzugehen.

Irrationale und rationale Ebene

Was auf keinen Fall in einer solchen Situation zum Ziel führt, ist, dass wir auf der Verstandesebene, der rationalen Ebene, zu argumentieren beginnen. Da helfen auch die allerbesten Argumente nicht. Da können wir noch so im logischen Denken geschult sein. Der demenzkranke Mensch befindet sich ja gerade auf der Ebene der Irrealität und dann nützt alles rationale Argumentieren nichts. Das ist durchaus ähnlich mit Situationen, in denen nicht demenzkranke Menschen verärgert oder wütend sind. Da hilft ja auch alles rationale Argumentieren nichts.

Von einem sparsamen Schwaben wird erzählt, dass er wegen einer Rechnung von 20 Mark wutentbrannt aufs Rathaus ging und sich wegen der 20 Mark, die er als ungerechtfertigt ansah, beschweren wollte. Nach langem Diskutieren entschloss sich der Rathaus-Beamte, das Problem so gütlich zu lösen, indem er ihm einen 20-Mark-Schein hinreichte. Aber anstatt nach diesem zu greifen, wie es sich für einen geizigen Schwaben gehört hätte, wies er den verdutzten Beamten energisch mit den Worten ab: "Koi Geld wille, schempfe wille." Auf Schriftdeutsch übersetzt: Kein Geld will ich, schimpfen will ich.

Übertragen auf die Situation des demenzkranken Menschen bedeutet dies. Wenn der Demenzkranke "schimpfen" will, dann können wir die klügsten Argumente vorbringen, es nützt alles nichts.

In einer solchen Situation ist meines Erachtens schweigen die sinnvollere Methode, anstatt sich mit dem Demenzkranken in ein Wortgefecht einzulassen. Oftmals hilft es auch, wenn es uns irgendwie gelingt, den demenzkranken Menschen abzulenken und auf andere Gedanken zu bringen.

An einem späteren Nachmittag saß ich noch bei einem Kaffee in der Cafeteria des Alterszentrums Adlergartens. Von Weitem hörte ich Bewohnerin Frau X ganz aufgeregt diskutierend mit ihrem Rollator daher kommen gefolgt von einer diplomierten Pflegeperson. Die beiden waren aufgeregt am Diskutieren. Frau X sagte mit erregter Stimme, sie müsse jetzt nach Hause, ihre Mutter hätte sie immer dazu angehalten, vor dem Eindunkeln nach Hause zu kommen. Es war tatsächlich gerade die dunkelste Jahreszeit im Jahr. Und draußen dämmerte es bereits ein wenig.

Die Pflegefachperson schlug Frau X vor, sie solle zuerst mit ihr aufs Zimmer gehen, damit sie sich einen warmen Mantel anziehen könne, denn draußen war es tatsächlich bitterkalt.

Als die beiden dann an meinem Tisch vorbei kamen, ließ ich meinen Kaffee stehen, sprach Frau X, die ich seit vielen Jahren kannte, an, in der Hoffnung, dass der "Herr Pfarrer", wie sie mich jeweils ansprach, einen positiven Einfluss auf das ganze Geschehen haben könne. Dies gelang aber leider nicht spontan. Frau X war viel zu aufgeregt, sodass auch ein Herr Pfarrer nicht viel ausrichten konnte. Aber sie ließ es zu, dass ich meinen Arm bei ihr einhängen durfte und aufs Zimmer mitgehen durfte, um ihren Mantel zu holen.

Auf dem Weg zum Lift und anschließend zu ihrem Zimmer versuchte ich lautstark, der Pflegefachperson zu erzählen, Frau X sei schon sehr früh

Auto gefahren und hätte die Herrschaft, bei der sie damals angestellt war, in einem Mercedes spazieren gefahren.

Im Zimmer angekommen durfte sich Frau X erst einmal auf einem Stuhl etwas ausruhen, und ich habe wieder das Thema Autofahren mit dem Mercedes angesprochen. Frau X hatte mir diese Geschichte früher einmal erzählt. Aber anscheinend war mein Gedächtnis doch nicht mehr so gut (Herr Alzheimer lässt grüßen), denn Frau X korrigierte mich, es sei eben ein grauer Ford gewesen, den sie gefahren habe, und kein Mercedes.

Und so fing dann Frau X ausführlich zu erzählen an, wie sie in jungen Jahren mit dem grauen Ford ihre Herrschaft spazieren gefahren habe und nie einen Unfall gehabt habe.

Irgendwie war sie jetzt auf andere Gedanken gekommen und wollte plötzlich nicht mehr zu ihrer Mutter nach Hause.

Für mich war dies auch eine gelungene Zusammenarbeit zwischen Pflege und Seelsorge.

Schwerhörigkeit als Pseudo-Demenz

Neben meiner Tätigkeit als Seelsorger im Adlergarten beschäftige ich mich seit 40 Jahren mit dem Problem der Schwerhörigkeit. Ausgelöst wurde dies durch die Probleme einer angeheirateten Verwandten, die in ihrer Kindheit an Scharlach erkrankt war und seitdem schwerhörig war.

Vielfach reagieren Schwerhörige mit einer falschen Antwort, weil sie die Frage im Stimmengewirr von Menschen oder bei schlechter Raumakustik falsch verstanden haben. Da Schwerhörigkeit gehäuft im Alter vorkommt, habe ich den Verdacht, dass vielfach ältere Menschen als "dement" angesehen werden, obwohl sie gar nicht dement sind, sondern einfach massive Hörprobleme haben.

Vor Jahren kam Frau Y neu zu uns in den Adlergarten. Da sie katholisch war, hat sie meine damalige katholische Kollegin Schwester Jutta betreut. Als Frau Y einmal zusammen mit anderen Frauen im „Stübli“ saß und ich meine Runde gemacht habe, habe ich selbstverständlich auch sie begrüßt und einige Worte mit ihr gewechselt. Außer ihrem fremd klingenden Namen wusste ich nichts über sie. Aber ihre Reaktion auf das, was ich zu ihr sagte, kam mir doch ein wenig eigenartig vor. So ging ich anschließend ins Stationszimmer und fragte die diplomierte Pflegefachperson, ob Frau Y allenfalls schwerhörig sei. Nein, sie sei dement und nicht schwerhörig, bekam ich spontan zur Antwort. Und da ich ein gutgläubiger Mensch bin, habe ich natürlich dem Fachurteil der diplomierten Pflegefachperson blind vertraut.

Einige Tage später begleitete ich einen Bewohner, der Probleme mit seinem Hörgerät hatte, in die Hörmittelzentrale. Zu meiner großen Verwunderung traf ich dort die angeblich "demente" Frau Y mit ihrer Enkelin. Ihre Enkelin hatte sie in die Hörmittelzentrale „geschleift“, um ihr ein Hörgerät anpassen zu lassen.

Und plötzlich lebte die angeblich "demente" Frau Y im Adlergarten wieder auf. Man konnte sich problemlos mit ihr unterhalten und nach und nach kam ihr trockener Humor wieder zum Vorschein und wir haben danach oftmals zusammen Sprüche geklopft. Es stellte ich dann auch heraus, dass Frau Y, die durch ihren Mann den fremdländischen Namen erhalten hatte, ursprünglich eine äußerst wortgewandte und humorvolle Wiesendangenerin[59] war.

Während Jahren habe ich dann immer wieder einen Spruch von mir gegeben, wenn ich sie getroffen habe, und sie antwortete entsprechend mit ihrem verschmitzten Humor.

Dies bringt uns zu einer weiteren Erkenntnis. **Bevor jemand als "dement" taxiert wird, sollte mit einem professionellen Hörtest und der allfälligen Anpassung eines Hörgerätes genau abgeklärt werden, ob es sich tatsächlich um Demenz und nicht um eine behandelbare Schwerhörigkeit handelt**.

Übrigens geht man davon aus, dass es nach einer Anpassung eines Hörgerätes bis zu einem Jahr dauern kann, bis sich Hörnerv und Gehirn voll an die neuen Höreindrücke gewöhnt haben. Hier ist also Geduld nötig wie generell im Umgang mit demenzkranken Menschen.

Die Würde des Menschen ist unantastbar.

"Die Würde des Menschen ist unantastbar." Dieser Satz, mit dem etwa das deutsche Grundgesetz beginnt, gilt auch für den dementen Menschen. Auch der demente Mensch hat seine Würde bis zu seinem letzten Atemzug.

Dies stellt an uns und auch an das Pflegepersonal sehr hohe Anforderungen. Für mich gilt die Maxime: **Ich möchte die Bewohnerinnen und Bewohner so behandeln, wie ich einmal behandelt werden möchte, wenn ich in der gleichen Situation bin**. Demenz trifft ja Hoch und Tief, Arm und Reich. Keiner von uns weiß, ob er nicht im Alter an einer Demenzerkrankung erkranken wird.

---

[59] Wiesendangen, Dorf außerhalb von Winterthur.

Deshalb darf man auch dem demenzkranken Menschen die Würde nicht absprechen. In der sogenannten Charta der Zivilgesellschaft, die vom Heimverband Curaviva herausgegeben worden ist, wird sehr deutlich auf diese Gefahr hingewiesen: *"Wenn es heute Stimmen gibt, die die Meinung vertreten, dass alte, hochbetagte Menschen durch schwere Erkrankung wie z. B. Demenz ihre Würde verlieren, ist dem entschieden entgegenzutreten."*[60]

Menschenwürde und Respekt: Die Goldene Regel

Hinter dieser ethischen Maxime steht letztlich die so genannte Goldene Regel, wie sie in Matthäus 7, 12 formuliert wird: **"Alles, was ihr also von anderen erwartet, das tut auch ihnen! Darin besteht das Gesetz und die Propheten."**

In profaner Weise formuliert bedeutet dies: Was du nicht willst, dass man dir tu, das füg auch keinem andern zu.

Im Umgang mit dementen Menschen gibt es immer wieder auch Situationen, in denen es lustig ist und man am liebsten herzhaft lachen möchte. Aber es gibt einen klaren Unterschied zwischen **an**-lachen und **aus**-lachen. Anlachen dürfen wir demente Menschen immer aber niemals auslachen. Das gilt übrigens nicht nur für demente Menschen.

Theater gehört auf die Bühne und nicht zur Begegnung mit Demenzkranken.

Übrigens haben demente Menschen ein sehr feines Gespür dafür, wer es mit ihnen ehrlich meint und wer ihnen Theater vorspielt. Hier beobachte ich eine ähnliche Fähigkeit wie bei kleinen Kindern. Kinder haben sehr oft auch ein untrügliches Gespür dafür, wer es ehrlich meint und

[60] Zum würdigen Umgang mit älteren Menschen. Charta der Zivilgesellschaft, hg. von CURAVIVA Schweiz, Fachbereich Alter 2010.

wer nicht. Kindern kann man nichts vormachen. Da hilft die beste Theatralik nichts.

Auch dementen Menschen kann man nichts vormachen. Sie spüren unsere Ehrlichkeit oder unsere Heuchelei. Wir müssen uns jeweils fragen: Stimmt mein Verhalten mit dem überein, was ich sage, oder ist beides nicht deckungsgleich? Ist mein Gehabe kongruent zu dem, was ich verbal vermittle oder ist es dies nicht?

Fürsorge versus Autonomie

In der Pflegeethik hat das Thema Selbstbestimmung / Autonomie einen ganz hohen Stellenwert erhalten. Das ist grundsätzlich gut so. Seit der Aufklärung ist dies ein wichtiges Gut. In der Schule haben wir damals den Spruch von Immanuel Kant gelernt: *"Aufklärung ist der Ausgang des Menschen aus seiner selbst verschuldeten Unmündigkeit. Unmündigkeit ist das Unvermögen, sich seines Verstandes ohne Leitung eines anderen zu bedienen."* [61]

Der mündige Bürger steht auch bei Demenz im Vordergrund. Das möchte ich auf keinen Fall infrage stellen.

Aber der Mensch ist eben auch, wie Aristoteles sagt, ein "Zoon politikon" ein soziales Wesen, das von seiner Natur her auf das Leben in der Gemeinschaft angelegt ist.

Wie schön wäre es, wenn wir alle wie Robinson Crusoe auf einer einsamen Insel wohnen könnten und uns nicht mit unseren Nachbarn im Wohnblock wegen des Waschtages streiten müssten.

Gerade beim dementen Menschen muss die "Mündigkeit", die grundsätzlich ein hohes Gut ist, meines Erachtens jedoch eingeschränkt wer-

[61] Immanuel Kant, Beantwortung der Frage: Was ist Aufklärung? (1784).

den, weil zu dem hohen ethischen Gut der Selbstbestimmung / Autonomie auch das hohe ethische Gut der Fürsorge kommen muss. Das sind ethische Zielkonflikte, welche in der konkreten Pflegepraxis oft sehr schwer befriedigend zu lösen sind.

Die Einschränkung der Selbstbestimmung / Autonomie fängt etwa damit an, wenn demente Menschen weglaufgefährdet sind. Was, wenn der körperlich noch fitte aber geistig verwirrte Bewohner vom Adlergarten davon läuft und durchs Tösstal bis nach Schlatt[62] hinauf marschiert und dort im Wald von der Polizei aufgegriffen wird, um nur ein Beispiel aus meiner Erfahrung als Seelsorger im Adlergarten zu erwähnen.

Praktisch jedes Pflegeheim muss heute auch eine oder mehrere so genannte "Geschützte Wohngruppen" haben. Diese sind etwa im Adlergarten nur per Lift mit einem speziellen Code zu erreichen. Und die Bewohnerinnen und Bewohner können diese Wohngruppe auch nicht selbstständig verlassen. Wird dadurch nicht ihre Autonomie zu sehr eingeschränkt?

Ich möchte Ihnen dazu wieder eine Episode aus dem Leben meiner Großmutter erzählen. Im Verlauf ihrer Erkrankung wollte sie vor allem nachts selbstständig aus ihrem Bett aufstehen und davon laufen (zu ihrer Mutter). Was, wenn die wohlbeleibte Frau bei dieser Gelegenheit aus dem Bett gefallen wäre und sich einen Oberschenkelhalsbruch oder Ähnliches zugezogen hätte. Ihr Bett stand an einer Wand. Sie konnte also nur auf einer Seite aufstehen. Um sie vor einem Sturz zu schützen, fertigte ihr Sohn, der Schreiner war, ein Brett an, das sie auf der offenen Seite vor dem aus dem Bett fallen schützte. Wenn sie auf den Nachtstuhl

[62] Ca. 9 km mit beträchtlicher Höhendifferenz.

musste, dann nahmen wir das spezielle schützende Brett weg und halfen ihr beim Aufstehen.

Mit ihrer Verwirrtheit ging immer mehr auch eine Persönlichkeitsveränderung einher. Sie war früher schon eine energische Frau und das verstärkte sich jetzt noch mehr. Wenn sie dann so richtig aufgebracht war, versuchte sie mit aller Kraft, das Brett hochzuheben, um so „autonom" aus dem Bett steigen zu können. Dabei entwickelte sie eine enorme Kraft und es gelang ihr oftmals, das Brett hochzuheben.

Nun mussten wir uns als Familie zwischen den beiden ethischen Zielen der Autonomie und der Fürsorge entscheiden. Lassen wir sie das Brett wegnehmen und nehmen in Kauf, dass sie aus dem Bett fällt und sich schwer verletzt, oder befestigen wir das Brett so am Bett, dass sie es nicht selbstständig wegnehmen kann?

Damals schon praktisch veranlagt bin ich zu meinem Onkel in die Schreinerei gegangen und habe zwei Schraubzwingen ausgeliehen, mit denen ich das Brett unten am Bett so befestigen konnte, dass meine verwirrte Oma es nicht mehr hochheben konnte.

Wenn ich die Schraubzwingen wieder angeschraubt hatte, dann schimpfte sie auf mich wie ein Rohrspatz, obwohl ich ja sonst ihr Liebling war.

Aber immerhin ist durch diese perfide "freiheitsbeschränkende Maßnahme" meine Oma in den ganzen Jahren trotz ihrer Verwirrtheit auch nie aus dem Bett gefallen. Jetzt können Sie entscheiden, ob ich bereits in jungen Jahren praktisch begabt war oder ein ganz gemeiner Kerl, der meiner Großmutter die autonome Freiheit verweigert hat, autonom aus dem Bett zu fallen.

Wenn seitens des Arztes und der Pflege bei demenzkranken Menschen freiheitsbeschränkende Maßnahmen ergriffen werden müssen, dann gelten dafür strenge ethische Richtlinien.[63] Die Zielkonflikte müssen offen angesprochen werden.

Langzeitgedächtnis und Kurzzeitgedächtnis

Alois Alzheimer hat die nach ihm benannte Krankheit als "Die Krankheit des Vergessens" bezeichnet. Aber dieses Vergessen zeigt sich nicht überall gleich. **Das Kurzzeitgedächtnis** (was gab es heute Mittag zum Mittagessen?) **verschwindet immer mehr, während das Langzeitgedächtnis** (die Sehnsucht nach der eigenen Mutter etwa) **noch sehr ausgeprägt ist.**

Wenn ich im Adlergarten einen Bewohner nach dem Alter frage, dann frage ich nicht. "Wie alt sind Sie, Herr Z?" Diese Frage können die meisten nicht mehr beantworten, denn dann müssten sie ja wissen, welches Datum wir heute haben und dann zurückrechnen. Das ist vielfach eine Überforderung. Hingegen frage ich: "Was sind Sie für ein Jahrgang, Herr Z? Den Jahrgang weiß man ja seit 70, 80 oder 90 Jahren und kann ihn meistens problemlos angeben. Und dann kann i c h ja die Rechenaufgabe übernehmen.

Eine 101jährige Geschäftsfrau im Adlergarten erzählte mir, sie wolle zu ihrer Mutter. Anstatt dass ich sie brutal mit der Wahrheit konfrontiert hätte, dass ihre Mutter ja nicht mehr lebe, sagte ich zu ihr: "Frau A, sie sind jetzt 101 Jahre alt. Da müsste ihre Mutter aber sehr sehr alt sein." Und spontan kam ihre Antwort: "Ja, sie haben eigentlich recht." Und damit war für sie auch die Sache erledigt.

---

[63] Schweizerische Akademie der Medizinischen Wissenschaften, Behandlung und Betreuung von älteren, pflegebedürftigen Menschen. Medizinisch-ethische Richtlinien und Empfehlungen, Basel o.J.

Die Bedeutung von religiösen Symbolen (Talar, Kerzen, Kirchenlieder, Psalmen, Unservater, Segen)

Da der demenzkranke Mensch in Gedanken meist in der Vergangenheit und vor allem in der Kindheit und Jugend lebt, ist auch im religiösen Bereich das wichtig, was er an Religiosität und religiösen Symbolen in dieser Zeit gelernt und praktiziert hat. In der Fachsprache spricht man von religiöser Sozialisation.

Ich möchte dies an einigen Beispielen verdeutlichen. Früher haben die evangelisch-reformierten Pfarrer Talar getragen. Somit verbindet der demenzkranke Mensch dieses äußere Symbol automatisch mit Religion und Gottesdienst.

Junge Theologen weigern sich vielfach, Talar zu tragen. Ich kann das gut verstehen und habe in meiner ersten Kirchgemeinde auch keinen Talar getragen, weil mein Kollege und meine Kollegin auch keinen getragen haben.

Im Pflegeheim trage ich jedoch im Sonntagsgottesdienst bewusst den Talar, weil dies für viele und speziell für demenzkranke Menschen ein eindeutiges Symbol für den Gottesdienst ist.

Bei demenzkranken Menschen ist es auch sinnvoll, bekannte Kirchenlieder zu singen und am ehesten noch solche, die sie damals im Konfirmandenunterricht oder im Firmunterricht auswendig gelernt haben. Hier wird das Langzeitgedächtnis ja wieder aktiviert.

Auch das Unservater oder der aaronitische Segen *"Der Herr segne dich und behüte dich"*[64] gehören zu diesen religiösen Vertrautheiten.

---

[64] Numeri (4. Mose) 6,24.

Zudem sind bekannte Psalmen wie etwa der 23. Psalm „Der Herr ist mein Hirte ...“ sehr wichtig.

Konfessionelle Seelsorge?

Obwohl wir heute im Adlergarten eine ausgezeichnete ökumenische Zusammenarbeit haben und nicht nur im Adlergarten, denn dieses Januarforum wird ja ökumenisch organisiert, scheint mir konfessionelle Rücksichtnahme ganz wichtig. Ökumene bedeutet für mich Respekt vor den Unterschieden der anderen Konfession ohne billige Gleichmacherei.

Immer wieder habe ich es im Adlergarten erlebt, dass Männer oder vor allem Frauen in den Adlergarten gekommen sind und unter Konfession "evangelisch-reformiert" angegeben war.

Beim Gespräch habe ich dann etliche Male erfahren, dass Frau B oder Herr C ursprünglich katholisch waren, aber bei der Heirat dann notgedrungen konvertiert sind, weil der zukünftige Ehepartner reformiert war. Damals war die ökumenische Trauung oder der sogenannte Dispens von der Formpflicht anscheinend noch nicht so verbreitet.

Wenn ich das dann wusste, dass jemand konvertiert war, habe ich nach Rücksprache jeweils meine katholische Kollegin darüber informiert. Denn bei einer beginnenden Demenz oder im Sterbeprozess werden ja die religiösen Symbole aus der Kindheit wieder wichtig.

Als nüchterner Reformierter kann ich zum Beispiel wenig mit einem Rosenkranz anfangen. Aber vielleicht war für Frau B oder Herrn C der Rosenkranz früher enorm wichtig, auch wenn sie jetzt nominell "reformiert" waren. Und so haben wir dann Frau B oder Herrn C echt "ökumenisch" betreut.

„Und wer bist du?“ Hilfe für die Helfenden (Die Betreuung der Angehörigen von Demenzkranken)

Demenzerkrankungen verschlechtern sich leider mit der Zeit immer mehr und oftmals kommt es dann soweit, dass die Ehefrau ihren Ehemann oder umgekehrt und die Mutter oder der Vater ihre Kinder nicht mehr kennen. Dies ist für die Angehörigen eine ganz schmerzliche Erfahrung.

In den über 15 Jahren, in denen ich als Seelsorger im Adlergarten bin, habe ich es häufig erlebt, dass Ehefrauen - und das darf man auch einmal sagen - auch Ehemänner während Jahren ihren Partner oder ihre Partnerin praktisch täglich im Adlergarten besucht haben. Denen allen möchte ich ein ganz besonderes Kränzchen winden.

Für diese Menschen ist es dann ganz besonders bitter, wenn sie erleben müssen, dass sie der Partner oder die Partnerin irgendwann nicht mehr kennt und fragt: **"Und wer bist du?"**

Hier kommt uns Seelsorgern in Pflegeheimen eine ganz wichtige Aufgabe zu. Wir dürfen die Angehörigen trösten und sie verständnisvoll darauf hinweisen, dass dieses "Und wer bist du?" Teil der Demenzerkrankung ist und nicht eine Finte, dass man plötzlich vom langjährigen Partner oder von den eigenen Kindern nichts mehr wissen will.

Dies ist Teil der Krankheit und nicht absichtlicher Liebesentzug.

Die Pflegefachperson, mit welcher der an Demenz Erkrankte fast tagtäglich zu tun hat oder sogar der "Herr Pfarrer" rücken jetzt ins Zentrum und der langjährige Partner oder die treu sorgende Schwiegertochter verschwinden immer mehr aus dem Blickfeld des Kranken.

Demenz ist eine schwere Krankheit und nicht eine momentane Finte.

Ambulant vor stationär, Zuhause pflegen oder Heimeintritt?

Ich habe großen Respekt vor denen, die ihren demenzkranken Partner oder ihren Vater oder ihre Mutter zu Hause pflegen. Hier ist es wichtig, dass diese Menschen größtmögliche Unterstützung durch Dienste wie die spitalexterne Krankenpflege Spitex erhalten. Insofern hat das heute auch von Politikern hochgelobte Wort "ambulant vor stationär" durchaus seine Berechtigung. Aber man muss auch ganz ungeschönt sagen, dass dahinter nicht nur der altruistische Gedanke von bestmöglicher Fürsorge für unsere alten und demenzkranken Menschen steht. Es geht hier in erster Linie ganz brutal um ökonomische Gründe. Ambulant vor stationär kommt dem Steuerzahler günstiger. Und Politiker, die sich dafür einsetzen, Kosten zu senken und Steuern zu sparen, haben heutzutage bessere Wahlchancen.

Eintritt ins Pflegeheim?

Ich möchte denjenigen Angehörigen, die jemand zuhause pflegen, Mut machen, den Eintritt in ein Pflegeheim nicht endlos hinauszuschieben. Im Pflegeheim haben wir einen Dreischichtenbetrieb. Zuhause ist man hingegen 24 Stunden im Dauereinsatz. Das zehrt und ist oft nicht mehr zu bewältigen.

In unserer Gesellschaft wird es noch eher akzeptiert, wenn ein Mann seine demenzkranke Frau ins Pflegeheim gibt als umgekehrt. Da wird auf die Frauen im Bekanntenkreis ganz unverhohlen Druck ausgeübt nach dem Motto: "Aber du könntest deinen Mann doch auch zuhause pflegen." Deshalb möchte ich besonders Frauen hier Mut machen, sich dem gesellschaftlichen Druck nicht zu beugen und auch an ihre eigene Gesundheit und an ihr eigenes Wohlbefinden zu denken.

Meine Mutter (und auch wir als Familie) sind mit der langjährigen Pflege meiner demenzkranken Großmutter fast zugrunde gegangen. Das muss auch einmal gesagt werden. Deshalb gibt es ja heute Institutionen wie den Adlergarten.

Gleichnis vom Weltgericht

Zum Schluss möchte ich das Gleichnis vom Weltgericht aus Matthäus 25,31-46 zitieren, das mir im Umgang mit Menschen (nicht nur mit demenzkranken Menschen) wichtig ist. Dort sagt Jesus: **„Was ihr getan habt einem dieser meiner geringsten Brüder (und Schwestern), das habt ihr mir getan."** Dies ist mein Leitsatz in der Begegnung mit demenzkranken Menschen.[65]

---

[65] Ab dem Alter von 65 Jahren steigt das Risiko beträchtlich, an Demenz zu erkranken. Mit dem Jahr 2011 kommt die sogenannte „Babyboomer"-Generation (Jahrgänge 1946-1964) ins Pensionsalter. In den USA gehören 76 Millionen Menschen zur „Babyboomer"-Generation. In Europa dürfte die Zahl ebenfalls entsprechend hoch sein. Hier kommt auf unsere Sozial- und Wirtschaftspolitiker hinsichtlich Pflegefinanzierung noch einiges zu.

Printed by Books on Demand GmbH, Norderstedt / Germany